꼬리에 꼬리를 무는

한국 현대사

해방 이후부터 촛불혁명까지
교과서의 빈틈을 메우는 한국 현대사 특강

꼬리에 꼬리를 무는
한국 현대사

조성일
지음

주니어태학

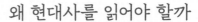

왜 현대사를 읽어야 할까

한국 현대사를 보통 1945년 해방 이후의 역사를 의미하는데, '현대사'를 '당대사contemporary history', 즉 '현재사'라고도 불러. 세계사에서는 현대사의 기점을 보통 '제1차 세계대전'으로 삼아. 한국사에서는 1919년에 일어난 '3·1 운동'과 '대한민국 임시정부 수립'을 한국 현대사의 시작이라고 보는 견해도 있어. 하지만 나는 1945년 '해방'을 한국 현대사의 시작점으로 삼을 거야. 대일항쟁기(일제 강점기)에서 벗어나 자주적으로 새로운 정부를 세우는 데 주목한 거지. 한국의 많은 역사학자가 이러한 관점에서 한국의 근대와 현대를 나누기도 해.

그런데 대한민국의 국체를 만든 정신이 무엇일까. 대한민국의 국체는 '공화국'이야. 주권을 가진 국민이 투표로 국가원수를 뽑는 것이지. 한국 현대사의 발전 과정을 오롯이 감당해 온 이 국체의 정신은 대한민국 헌법 전문에 잘 나와 있어.

"유구한 역사와 전통에 빛나는 우리 대한국민은 3·1 운동으로 건립된 대한민국 임시정부의 법통과 불의에 항거한 4·19 민주 이념을 계승하고…."

"3·1 운동으로 건립된 대한민국 임시정부의 법통"은《꼬리에 꼬리를 무는 한국 근대사》에서 언급했지만, "불의에 항거한 4·19 민주 이념"을 한국 현대사를 알아야만 알 수 있어. 간단히 말하자면, 부패한 이승만 정부를 밀어내고 민주 정부를 세운 시민의 저항정신을 말해.

한국 현대사는 그 행간에 '분단 시대사'를 담고 있어. 한반도 허리인 북위 38도선을 기준으로 이남은 미국, 이북은 소련이 각각 점령하면서 북위 38도선은 자유주의와 공산주의의 이념을 구분하는 선으로도 기능했거든. 두 이념은 서로 치열하게 경쟁했지. 그러다 체제의 심리적 우월감에 사로잡힌 북한이 소련과 중국을 등에 업고 '6·25 전쟁'을 일으켜. 동족상잔이라는 표현처럼 양쪽에 엄청난 피해를 남긴 6·25 전쟁은 남과 북의 대립 구도를 더 심화시켰어. 분단은 지금도 현재진행형으로, 한국 현대사 한가운데를 관통하고 있지.

해방 이후 이승만이 초대 대통령으로 취임하면서부터 한국 현대사는 삐걱거렸어. 새로 세운 정부니까 당연히 시행착오가 있었겠지만, 이승만이 권력을 놓지 않으려고 발버둥치다가 '독재'라는 부작용을 만든 거야. 그런데 역사에는 항상 독재에 항거하는 반작용이 일어나. 그게 바로 헌법 전문에 나왔던 '4·19 혁명', 민주 정부의 발판이 되는 혁명이었어. 그런데 이 민주 정부에 대한 반작용이 또 일어나잖아. 박정희 육군 소장을 주축으로 한 정치 군인들이 군사 정변을 일으킨 거야. 그래서 대한민국은 민주주의 맛을 제대로 보지도 못한 채 군사 정권으로 바뀌었어.

역시 종신 대통령을 꿈꾸며 18년이나 정권을 잡았던 박정희도 역사의 반작용에 당해낼 수 없었어. 심복인 김재규 중앙정보부장이 쏜 총탄에 맞아 쓰러지며 '서울의 봄'이 오나 했지만 다시 '겨울 공화국'으로 바뀌었지. 전두환 보안사령관 중심의 신군부가 군사 반란을 일으키거든. 그러다 '삼김'(김영삼·김대중·김종필 등 세 김씨) 중 한 사람인 김영삼이 대통령이 되는 1991년에 가서야 한국은 겨울 공화국에서 벗어나. 김영삼은 과거의 군부 정권과 구별 짓기 위해 자기 정부를 '문민 정부'로 불렀어.

이후 세 번이나 죽을 고비를 넘긴 '인동초' 김대중이 대통령이 되었어. 김대중의 대통령 당선은 한국 현대사 최초 명실상부한 정권 교체를 만들었지. 그 이후 스스로 '바보'라 했던 노무현이 대통령에 당선되면서 민주 정부 10년을 이었고, 다시 역사는 보수 진영의 이명박과 박근혜를 연이어 선출했어. 그러나 박근혜는 촛불혁명으로 탄핵당해 임기를 다 채우지 못했지.

아, 이 책에서 북한의 역사는 제외했어. 해방은 대한제국 시대의 국가·영토·국민으로의 회복이므로 북한 역사도 당연히 우리 역사에 포함되어야겠지. 하지만 알다시피 해방은 곧 분단을 만들었고, 남과 북은 각각의 역사를 만들어 내잖아. 북한 현대사는 여기서 함께 다루기보다는 따로 살펴봐야 한다고 생각해서 뺐어.

이 책은 1945년 해방부터 촛불혁명까지 쉼 없이 달려볼 거야. 함께하는 거지?

차례

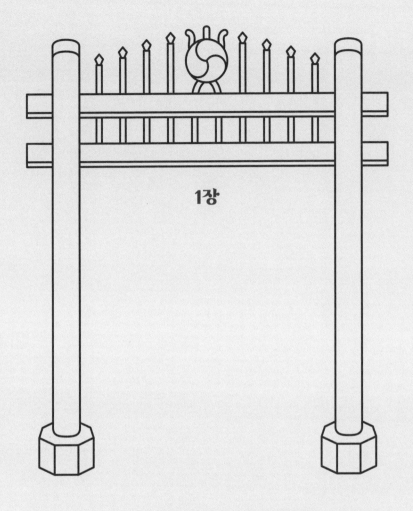

1장

대한민국은 어떻게
시작되었을까

일제의 항복

1945년 8월 15일 아침, 서울 곳곳에 "오늘 정오 중대 방송, 일억 국민 반드시 청취할 것"이라고 적힌 벽보가 나붙었어. '일억' 국민은 우리 국민과 일제 국민을 합한 숫자야. 그런데 이러한 중대 방송을 한다고 했지만, 우리 국민은 들을 수 없었어. 방송을 들을 라디오가 없었거든. 게다가 별일일까 싶어 특별하게 관심을 두지도 않았어.

"짐은 제국 정부에게 미국, 영국, 중국, 소련 사국에 대해 그 공동선언을 수락하는 뜻을 통고하도록 했다."

떨리는 목소리로 4분 37초간 항복 방송을 한 사람은 바로 일제

천황의 항복 방송을 기점으로 제2차 세계대전은 종전되었다.

천황 히로히토裕仁였어. '짐'이라는 말을 할 사람은 히토히로 뿐이었거든. '항복'이라는 낱말이 직접 나오지는 않았지만, '공동선언을 수락한다'라는 표현의 행간에는 '항복'이라는 의미가 숨어 있었어.

'공동 선언'은 '포츠담 선언'으로, 1945년 7월 26일 독일 포츠담에서 미국 트루먼Harry S. Truman 대통령과 영국 윈스턴 처칠Winston Leonard Spencer Churchill 총리, 중화민국 장제스蔣介石 주석, 소련(현 러시아) 스탈린Joseph Stalin 서기장이 만나서 발표한 선언이야. 이미 항복한 독일하고 이탈리아와 달리 전쟁을 계속 고집하던 일제에게 '무조건 항복'을 요구했지. 이때까지 일제에게 전쟁을 선포하지 않은 소련을 뺀 세 나라가 서명한 연합국 측 선언이었어. 연합국이란 제2차 세계대전 동안 싸운 두 세력 중 하나로, 전쟁을 일으켰던 독일·이탈리아·일제를 '추축국', 이 추축국에 맞선 소련·영국·프랑스·미국을 '연합국'이라고 불러. 일제는 제1차 세계대전 당시 영국의 요청에 따라 연합국의 일원으로 전쟁에 참여했었어. 제2차 세계대전 때는 '대공아 공영권'을 실현한다며 진주만을 공격한 추축국이었지만 말이야.

그런데 일제는 포츠담 선언을 무시했고 결국 원자폭탄 세례를 받았어. 게다가 소련이 미국의 요청으로 일제에 선전포고를 하고 만주국을 공격해. 소련은 평양까지 점령했는데, 이 결과는 나중에 한반도 분단의 빌미가 되었지. 공격이 계속되자 일제는 결국 항복을 선언했고, 포츠담 선언을 수락하면서 국체인 천황만은 건들지 말라는 조건을 걸었어. 태평양전쟁은 천황의 명령으로 시작되었는데, 책임이 있는 천황을 살려달라니. 이 말은 어딘가 이상하지.

애초 다수가 천황제를 폐지하길 원했지만, 미국은 천황제를 존속시키되, 실권이 전혀 없는 상징적인 군주로만 남겨 두었어. 미국은 불가피하게 소련에 도움을 요청해 전쟁에 끌어들였지만, 소련의 남하 정책이 못마땅했어. 그래서 소련을 견제하기 위해서 일제의 부탁을 들어준 거야. 그리고 유일한 권위가 필요하다는 명분을 세운 일제의 로비 또한 있었다고 해.

천황의 항복 방송으로 한국에 살고 있던 일본인들은 죽을 위기에 처했다고 생각했지만, 조선인들은 덤덤했대. 아니 몰랐다고 하는 게 더 정확한 표현일 거야. 라디오가 없어서 그 방송을 듣지 못한 사람들도 많고, 일본어로 말하는 천왕의 말을 쉽게 알아들을 수도 없었을 테니까. 해방은 이렇게 우리가 쟁취했다기보다 외부의 조건에 의해 주어졌어. 함석헌의 말처럼 "해방은 도둑처럼 뜻밖에 왔다"라고 할 수 있지.

새 국가를 만들다

"조선 민족의 해방 날이 왔습니다. … 이제 우리 민족은 새 역사의 일보를 내딛게 되었습니다. 우리는 지난날의 아프고 쓰라린 것을 다 잊어버리고, 이 땅에 합리적이고, 이상적인 낙원을 건설해야 합니다."

8월 16일, 건국 준비 위원회(이하 건준) 여운형 위원장이 휘문중학교 운동장에 모인 5000명의 군중 앞에서 이렇게 외쳤어. 해방 당일엔 영문을 몰라 얼떨떨하던 조선인들에게 새로운 세상이 온 거야. 정신을 차린 군중들이 거리로 뛰쳐나와 만세를 부르기 시작했어. 좌파든 우파든 가리지 않고 여운형의 집으로 몰려가 무슨 말이라도 한마디 해달라고 했대.

조선총독부는 해방되기 전 여운형과 여러 차례 만나 일본인 철수 문제를 비롯해 여러 사항에 대해 논의했다고 해. 여운형은 일제에 5가지 조건을 내세웠어.

❶ 정치범과 경제범을 즉시 석방할 것
❷ 서울시민을 위한 식량을 확보할 것
❸ 정치 활동을 간섭하지 말 것
❹ 학생과 청년 훈련 조직을 방해하지 말 것
❺ 노동자·농민 건국 활동 동원을 방해하지 말 것

이 조건에 따라 여운형은 해방 당일 아침에 조선총독부로부터 정부 권한을 이양받았어. 그런데 여운형의 협상에 대해 사람들은 일제의 해코지를 막을 수 있다는 점에서 긍정적인 반응을 보이기도 했지만, 일본인들에게 퇴로를 마련해 주었다는 점에서 부정적인 반응을 보이기도 했어.

이후 여운형은 즉시 자신이 1944년 8월에 좌우의 애국 세력을 모아 만든 지하 비밀 결사대인 '건국동맹'을 확대 개편해서 건준을 발족시켜. 중도좌파인 여운형이 위원장, 우파인 안재홍이 부위원장을 맡았어. 우파 송진우는 참여를 거절하고 대한민국 임시정부(이하 임시정부)가 있으니 경거망동하지 말라고 되레 경고를 날리지. 여운형은 임시정부가 국내에 국민적 토대를 마련하지 못한 해외 독립단체 중 하나에 불과하다고 평가절하했어.

이런 상황 속에서 건준은 새 국가 건설을 위한 준비 기관을 자처하고 본격적인 활동에 들어갔어. 오로지 일제 타도와 민주국가 건설에 목표를 둔 건준의 강령을 살펴보자.

❶ 완전한 독립 국가를 건설한다.

❷ 전 민족의 정치적, 경제적, 사회적 기본 요구를 실현할 수 있는 민주주의 정권을 수립한다.

❸ 일시적 과도기에 국가 질서를 자주적으로 유지하며 대중 생활을 확보한다.

건준은 발족한 지 보름 만인 8월 말, 전국에 치안대 지부가 145개나 만들어질 정도로 인기가 좋았어. 물론 당시엔 건준 말고 중요한 역할을 담당할 세력이 없어서 인기가 많았던 것일 수도 있어. 김구의 임시정부가 있긴 했지만 당장 귀국 문제부터 해결해야 했고, 김두봉의 조선 독립 연맹 또한 중국 옌안에 있었던 터라 나서는 데에 한계가 있었지. 그런 점에서 미리 건국 동맹을 만들었던 여운형의 순발력은 나름대로 의미가 컸어.

그런데 조선총독부는 본국의 지시에 따라 행정권을 건준이 아닌 미군에게 넘겨

건국 준비 위원회 발족식에서 강연하는 여운형

주려고 했대. 미군에게 행정권이 넘어간다는 건 한반도에 주둔하며 동시에 통치하겠다는 말이지. 게다가 미군이 9월 초 한반도에 들어와 주둔한다는 소식까지 전해지자 건준은 마음이 급해졌어. 그래서 정부 역할을 하기 위해 박헌영의 조선공산당이 주도해서 9월 6일에 조선 인민 공화국(이하 인공)으로 확대됐어. 이승만이 주석, 여운형이 부주석을 맡았지. 조선공산당이 나서면서 우파 진영이 불참한 반쪽짜리 조직이었지만 말이야.

38선으로 나누어진 한반도

일제를 압박하기 위해 소련에 만주국 공격을 부탁한 미국은 고민이 커졌어. 소련의 다른 속내가 있었기 때문이야. 소련은 만주국을 공격하면서 러일전쟁 때 일제에 빼앗긴 사할린 같은 영토를 되찾으려고 했어. 그런데 미군이 한반도에 들어오지도 못했는데 소련이 평양까지 내려간 거야. 미국은 이러다 한반도가 공산화될 수도 있겠다고 생각했지. 그러던 때에 전략정책단 데이비드 딘 러스크David Dean Rusk 정책과장이 벽에 걸려 있던 한반도 지도를 쳐다보다 무릎을 쳤어. 북위 38도선을 기준으로 한반도를 이등분해서 북쪽은 소련군, 남쪽은 미군이 각각 맡아 일본군의 무장을 해제하면 되겠다고 생각한 거야.

러스크는 루스벨트Franklin Delano Roosevelt 대통령 뒤를 이은 트루먼 대통령에게 이 안을 보고하면서 동시에 소련에도 제의하자 스탈린이 동의했어. 그리하여 미군도 드디어 9월 8일 인천항을 통해 한반도에 발을 들여놓게 되었어. 그런데 해방군인 줄 알았던 미군은 사실 점령군이었어. 태평양 미국 육군 총사령부의 포고문 3조를 보면, 맥아더Douglas MacArthur 사령관 명령에 복종하라며 '점령 부대the occupying forces'라는 표현을 썼거든.

한반도에 들어온 미군은 겉으로 중립적 입장을 견지한다고 하면서도 자기들 편의대로 한반도를 통치하기 시작했어. 단적인 예를 들자면, 지금도 우리 사회의 뜨거운 감자인 '친일파' 문제야. 미군은 행정을 아는 한국인이 적다는 이유로 친일 행위가 분명한 관료와 경찰을 그대로 중용했어. 이 친일파는 교묘하게 줄타기하면서 주류 세력으로 변신하는 데 성공했어. 이들은 신분 세탁으로 지금까지도 기세 등등하게 우리 사회의 기득권층으로 행세하고 있지.

미군정은 사실상 정부 역할을 하던 건준의 후신인 인공을 인정하지 않았어. 좌파 세력과 거리두기였지. 대신 한국민주당(이하 한민당) 인사들을 대거 발탁해. 한민당은 9월 16일 조병옥과 김성수 등을 중심으로 여러 우파정당이 통합해서 만들어진 정당이야. 건준에 참여하지 않았던 송진우가 당대표 격인 수석총무를 맡았지. 이 한민당에는 친일파들도 많이 가입한 탓에 대중들의 호응을 얻진 못했어. 그런데도 미군정과 끈끈한 관계를 맺으면서 한국 사회의 영향력 있는

미국과 소련이 그은 군사분계선인 38선

세력이 되었지.

10월 16일, 독립운동가 이승만이 맥아더가 내준 군용기를 타고 미국에서 귀국했어. 이승만은 본인이 승낙하지 않았지만 엄연한 인공의 주석이었어. 그래서인지 처음에는 좌파에 호의적이었지. 좌우파 간의 통합 모색 차원에서 '독립 촉성 중앙 협의회'(이하 독립촉성회)도 결성해. 하지만 친일파 배제라는 조선공산당의 요구가 빌미가 되어 통합은 무산되었어. 그러자 이승만은 독립촉성회를 떠나 한민당과 친일파를 등에 업고 정치를 시작해.

11월 23일, 중국 충칭에 있던 임시정부 요인들이 귀국했어. '대한

맥아더(왼쪽) 장군과 이승만 대통령

민국 임시정부'라는 공식 정부 입장이 아닌, 애석하게도 '개인 자격'
으로 들어온 거야. 미군정이 엄청나게 반대해서 하는 수 없이 개인
자격으로 귀국할 수밖에 없었어.

이렇게 해방 직후에는 한반도에 여러 세력이 활동했어. 통합을 시
도했지만 모두 물거품이 되었지. 엎친 데 덮친 격으로 그해 말에는
좌우파의 대립이 극심해지면서 사회적 혼란도 심해졌어. 경제 문제
역시 만만치 않아. 조선총독부의 통화 남발로 물가가 치솟고 식량
문제가 심각했거든.

한반도의 운명을 쥔 3국 외상 회의

12월 16일, 모스크바에서 '3국 외상 회의'가 열렸어. 제2차 세계대전 전후 처리를 위해 미국, 영국 그리고 소련 3국 외상들 간의 회의였지. 이 회의에서는 우리의 운명을 결정짓는 매우 중요한 사항을 결정했어. 바로 민주주의 임시정부 수립 지원을 명목으로 '미소 공동 위원회'를 설치하고, 미국, 영국, 중국, 소련 4개국이 참여하는 5년 기한의 신탁 통치를 실시하기로 한 거야.

이 소식이 전해지자 한반도에서는 난리가 났어. 누군가가 한반도를 맡아서 통치한다는 거니까. 임시정부 중심의 우파로서는 절대로 받아들일 수 없다며 반탁운동에 나섰어. 다만 김구는 임시정부 추대론을, 이승만은 단독 정부 수립을 각각 주장했지. 여운형은 미소 공동 위원회에 협조하되 신탁 통치는 반대했어. 반면 좌파는 처음에 소련 입장을 고려해 사태추이를 관망하다가 1946년 1월 2일에 찬성임을 밝혀. 이렇게 우파는 반탁, 좌파는 찬탁이라는 구도가 형성되면서 신탁 통치 문제는 해방정국에 새로운 갈등의 불씨가 되었어.

3국 외상 회의에서 결정한 신탁 통치를 지지하는 시위

이 혼란한 상황에서 친일파들은 재빠르게 움직였어. 그들은 신분을 세탁할 수 있는 절호의 기회로 보고 대거 우파 진영의 반탁에 가담했어. 찬탁 인사들을 매국노와 반역자로 몰아붙이면서 민족주의자로 행세했지. 우파는 오로지 반탁을 주장하는 사람들을 확보하는 데 몰두했어.

김구는 2월 1일에 임시정부 계승을 위해 소집했던 '비상 정치 회의'를 '비상 국민 회의'로 이름을 바꿔 소집했어. 좌파는 오지 않아 우파만 참여한 반쪽짜리였지만, 이 회의에서 매우 중요한 결정을 했어. 비상 국민 회의가 과도 정권 수립 권한을 갖되, 충칭의 임시의정원을 계승한다는 것이었지. 내각이라고 할 수 있는 최고 정무 위원회를 설치하되, 인선은 김구와 이승만에게 일임하기로 했어.

김구와 이승만이 선임한 최고 정무 위원은 김구의 반대에도 불구하고 미군사령부에 의해 '남조선 대한국민 대표 민주의원(이하 민주의원)'의 의원이 되었어. 일종의 국회의원 같은 건데, 민주의원은 존하지John R. Hodge 사령관의 자문기구에 불과했지. 좌파들은 서둘러 2월 15일에 '민주주의 민족전선(이하 민족전선)'을 결성했어. 여운형, 박헌영, 허헌, 김원봉, 백남운이 공동의장을 맡았지.

이런 공방이 오가는 가운데, 미국과 소련이 통일 정부 수립을 위해 미소 공동 위원회를 열지만 합의하진 못했어. 이승만이 발 빠르게 나서서, 통일 정부 수립이 쉽지 않으니 남쪽만의 단독 정부를 수립하자고 주장했어. 그렇지만 이 주장은 천 년 이상 통일국가로 이

미소 공동 위원회에서 논쟁하는 미국(왼쪽)과 소련의 협상대표들

어온 역사를 부정하는 행위라며 반대가 극심했지.

극심한 혼란 속에서 미군정의 지원 아래 우파가 좌파를 탄압하지만, 좌우 합작 운동은 계속 진행되었어. 그러다 민족전선이 삼상회의 지지 및 무상몰수 무상분배의 토지개혁, 정권의 인민 위원회에 이양 등의 합작 5원칙을 제시했지만 미국은 수용하지 않았어. 그러자 북쪽을 다녀온 박헌영이 주도해서 반미 투쟁 불사의 강경노선인 '신전술'을 채택하게 돼. 적극적인 투쟁과 물리적 저항을 하겠다는 뜻이야.

이후 좌파들이 분열했고 미군정이 박헌영을 체포하자 조선공산당 측은 9월 총파업으로 대응했어. 결국 좌파가 좌우 합작에서 탈퇴하면서 좌우 합작 운동은 큰 시련을 맞았지. 탈퇴하지 않은 여운형이 북쪽으로 가서 김일성을 설득하면서 노력했지만 허사였어.

이에 미군정은 12월에 김규식을 의장으로 한 남조선 과도 입법 의원을 구성했어. 의원 상당수가 친일이나 극우 성향이어서 좌파는 당연히 이 선거에 참여하지 않았지. 그리고 1947년 2월, 미군정은 안재홍을 장관으로 하는 '남조선 과도 정부'를 발족시켰어. 북쪽도 2월 17일부터 20일까지 평양에서 열린 회의에서 김일성을 위원장으로 하는 북조선 인민 위원회를 출범시키지. 이렇게 남과 북에서 따로 정부 수립을 위한 절차를 밟아 나갔어.

남한의 단독 정부

단독 정부 수립에 박차를 가하자 반대 목소리 또한 커질 수밖에 없었어. 이러한 상황에서 1947년 4월 3일, 제주에서 '제주 4·3 항쟁'이 일어나. 남조선노동당 제주도당이 남한의 단독 정부 수립을 저지하기 위해 총파업을 하는 등 정치투쟁을 하자, 이를 진압하는 과정에서 무고한 시민들까지 대거 무차별 죽임을 당한 사건이야. 이 일은 여전히 아물지 않은 상처로 남아 있어.

5월에는 결렬됐던 미소 공동 위원회 2차 회의가 열렸어. 모스크바 삼상회의의 한반도 신탁 통치안에 대한 결론을 내리려고 나름대로 노력했지만 결렬되었어. 그러자 이 문제는 미국 입김이 센 유엔으로 넘

제주 4·3 항쟁으로 무고한 제주도민 8분의 1이 죽거나 행방불명된 것으로 추정된다.

어갔어. 소련은 당연히 유엔 개입을 반대했지. 소련은 한술 더 떠서 미군에게 함께 철수하자고 제의했지만 미국은 거부했어.

9월에는 독립운동가 여운형이 암살당해. 다섯 번째 테러를 당하고도 "나는 죽어도 이 길을 가겠다"라고 했던 여운형의 죽음은 민족사의 큰 손실이었지.

그리고 11월에 있었던 유엔총회에서 "유엔 감시하의 인구 비례에 의한 남북한 총선거"가 결정됐어. 소련과 북한은 거절했지만 미군정은 받아들여 '가능한 지역', 즉 남한만 총선거를 실시한다고 발표했어. 결국 1948년 1월 8일, 남한의 단독 선거를 감시하기 위한 '유엔 한국 임시 위원단'이 입국했지.

단독 선거 준비가 진행되자 김구는 고민이 많았어. 더 이상 가만히 있었다가는 통일 정부 수립이 영영 물 건너갈 것 같았던 거야. 그래서 미군과 소련군 모두 한반도에서 철수하고 남북 요인 회담을 한 뒤에 총선거에 의한 통일 정부를 수립하자는 승부수를 던졌어. 김구의 제안에 단독 정부 수립파였던 이승만은 당황했어. 우파 김구가 좌파와 중도파에 동조했기 때문이야.

김구와 김규식은 북한의 김일성과 김두봉에게 남북 지도자 회담을 제안했어. 이에 북한은 '남북한 정당 사회단체 대표자 연석회의'를 갖자고 다시 제안해. 그래서 김구와 김규식은 우파의 반대를 무릅쓰고 평양으로 갔어. 4월 19일부터 열린 연석회의에서는 미군과 소련군의 즉시 철수와 단독 정부 수립 반대를 결의했지. 공동성명까지 발표하며 통일 정부 수립을 위해 노력했지만 결국 실패했어. 이때 김구가 유명한 말을 남겨.

"통일된 조국을 건설하려다 삼팔선을 베고 쓰러질지언정 일신에 구차한 안일을 취해 단독 정부를 세우는 데는 협력하지 아니하겠다."

5월 10일에 실시된 남한만의 단독 선거에는 좌파의 불참에도 후보자가 많았어. 결과는 이승만이 이끄는 대한독립 촉정국민회가 55석을 차지해 제1당이 되었지. 이때 당선된 의원들을 '제헌의원', 즉 헌법을 만든 의원이라고 불러. 5월 31일에는 당선자들이 모여 첫 회의를 열었고, 임시의장으로 나이가 가장 많은 이승만을 뽑았어. 이튿날엔 아예 이승만을 공식 초대 국회의장, 신익희를 부의장으로 선출했어.

38선에 선 김신, 김구, 선우진(왼쪽부터)

6월 초에는 국회 헌법 기초 위원회에 헌법 초안이 제출되었어. 처음엔 의원내각제를 채택했었는데, 6월 15일 이승만이 돌연 대통령제를 주장하고 나서는 거야. 결국 7월 19일에 공포한 헌법은 이승만의 주장대로 대통령제를 채택했어. 대통령 선출은 국회의원들이 뽑는 간접선거로 진행되었고, 7월 20일에 열린 대통령 선거에서 이승만을 초대 대통령, 이시영을 부통령으로 선출했어.

정부 수립을 위한 준비를 마친 1948년 8월 15일 오전 11시, 이승만 대통령은 조선총독부가 있는 건물에 마련된 행사장에서 대한민국 정부 수립을 선포했어. 한국 현대사의 시작인 대한민국의 제1공화국 정부가 출발한 거야.

물론 새 정부가 들어섰어도 그걸로 모든 절차가 끝나는 건 아니야. 다른 나라들이 승인해야 명실상부한 정부로 인정받을 수 있거

이승만 대통령 취임식

든. 1948년 12월 12일, 유엔총회는 투표를 통해 "대한민국 정부를
한반도의 유일한 합법 정부로 승인"했어.

대한민국 정부가 선포된 건 감격스럽지만, 허전함도 있어. 반쪽짜
리 남한만의 단독 정부를 세움으로써 38도선을 사이에 두고 남과
북이 나뉘는 분단의 역사가 시작됐다는 사실 때문이야.

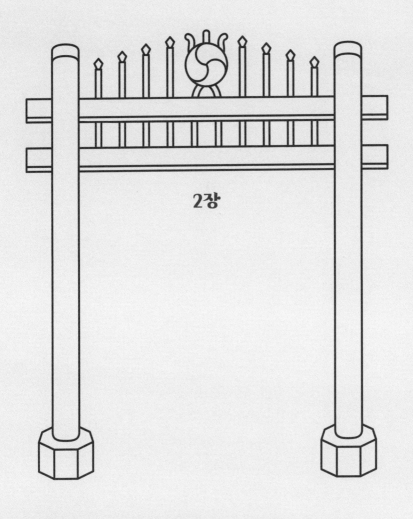

2장

북한은 왜
6·25 전쟁을 일으켰을까

전쟁의 그림자

1948년 9월 7일, 제헌국회는 '반민족행위 처벌법'을 통과시켰어. 대일항쟁기 동안 일제에 부역한 친일파들에게 책임을 묻겠다는 거였지. 친일파들이 강하게 반발할 게 불을 보듯 뻔했지만 국회는 10월 23일 반민족행위 특별 조사 위원회(이하 반민 특위)를 구성했어. 이들은 친일 기업가 박흥식이나 변절한 독립운동가 최남선, 이광수 같은 이들을 재판에 회부하는 등 의욕적으로 활동했지.

　그런데 이 일이 이승만 대통령에게는 위기였어. 중요한 자리에 기용했던 친일파 관료들이 검거되기 시작했거든. 이승만 대통령은 갖가지 평계를 대며 이들의 석방을 요구했어. 노골적인 정부의 방해가 심해지면서 반민 특위의 활동은 위축될 수밖에 없었지.

그러다가 1949년 5월에 '국회 프락치 사건'이 일어나. 반민 특위에 참가한 진보인사 13명이 남로당과 접촉했다며 구속한 사건이야. 당연히 반민 특위를 공격할 빌미가 되었고, 결국 반민 특위는 제대로 활동도 하지 못한 채 10월에 해체돼.

역사에 가정법은 없다지만, 이때 친일파를 제대로 단죄했다면 우리 역사는 어떻게 되었을까. 프랑스가 나치 부역자 심판에 적극 나서서 역사 정의를 실현했던 교훈을 생각하면 더 아쉽지. 당시 친일파를 단죄했다면 지금 우리 사회의 이념 갈등이나 일본과 관계 설정이 달라지지 않았을까.

6월 26일에는 포병 소위 안두희가 김구를 암살했어. 배후가 누구인지는 지금도 밝혀지지 않았어. 숨어 살던 암살범 안두희는 1996년 시민 박기서의 '정의봉'에 맞아 죽었거든. 결국 김구 암살 사건은 미궁에 빠졌어.

이런 일들이 일어나면서 친일파 단죄는 어렵게 되었지만, 이 틈을 노리는 반작용이 일어나. 이승만 정부가 좌파를 처단하기로 한 거야. 이후 반공검사 선우종원과 오제도가 주동이 되어 1949년 6월 5일에 '국민 보도 연맹'을 만들어. 해방 후 좌익 활동을 한 사람들은 반드시 가입하도록 했어. 좌익 활동자의 사상 통제가 숨은 목적이었지. 골수 좌익은 잠적한 상태라 가입시키지 못했더라도 공무원에게 강제 할당까지 한 결과 30만 명이 가입했대. 국민 보도 연맹은 이들에게 사상을 전향하고 반공의 전위대로 나서게 했어.

임시정부 김구 주석의 장례식 행렬

이렇게 한 손에 친일파, 다른 한 손에 반공주의로 무장한 이승만 대통령은 갑자기 '북진통일론'을 주장했어. 1949년 9월 30일, 외신들과의 기자회견에서 미국의 미온적 지원으로 군사력이 취약함에도 이승만 대통령은 "북한의 실지失地를 회복할 수 있으며 북한의 우리 동포들은 우리가 소탕할 것을 희망하고 있다"라고 한 거야. 여기서 채병덕 육군참모총장은 한술 더 떠서 "아침은 개성에서, 점심은 평양에서, 저녁은 신의주에서 먹겠다"라는 유명한 말을 남겼어.

이때 한국에서는 북한의 남침설이 무성하게 돌았어. 미국에 이 정보를 전달했지만, 미국은 무기 지원을 더 받으려는 꼼수라며 무시했어. 이에 신성모 국방장관은 이승만 대통령에게 명령만 내리면 바로 북침하겠다며 전쟁을 하겠다는 분위기를 만들었어. 전쟁을 원하지 않았던 미국은 무기 지원은커녕 되레 들어와 있던 전차와 전투기를 압수하고 곡사포와 대전차포 상당수를 빼앗았지.

1950년 6월 들어서 북한의 남침 가능성은 너 강하게 제기되었어. 신성모 국방장관은 무슨 영문인지 북한은 절대 남침하지 않는다고 무시했대. 6월 24일에도 같은 정보가 보고됐지만, 전국 비상경계령 해제와 동시에 주말을 맞아 장병 절반을 휴가와 외출을 내보내는 이해할 수 없는 조치를 취했어.

남한을 침략한 북한

김일성과 박헌영의 주도로 수립된 북한은 1948년 2월 8일에 항일 빨치산♦을 중심으로 인민군을 창설했어. 이 조선인민군이 북한의 최고 지도부를 장악했지. 이때 김일성은 통일에 대한 의지를 강하게

 빨치산

빨치산은 한국 전쟁 당시 대한민국 영역에서 유격전을 수행한 조선 민주주의 인민 공화국의 파르티잔 부대이다. 공식 용어는 조선 인민 유격대朝鮮人民遊擊隊이며 흔히 빨치산이라고 부른다. 남부군, 공비, 공산 게릴라라는 표현도 사용되었다.

갖고 있었대.

북한은 해방정국 당시 소련군이 미군보다 먼저 철수했으니, 남한의 미군도 철수해야 한다고 압박했어. 이러한 행동들은 한반도에 통일된 사회주의 국가를 건설하겠다는 명분의 전쟁 조짐이었던 거야.

때마침 1950년 1월 미국은 '애치슨 라인Acheson Line'을 선언했어. 애치슨 라인은 스탈린과 마오쩌둥의 영토 야심을 저지하기 위해 미국이 그은 동북아시아 방위선을 말해. 이 방위선 바깥의 일은 관여하지 않겠다는 뜻이지. 그리고 이 방위선은 알류샨 열도와 일본 그리고 오키나와와 필리핀을 잇는 선으로, 한국은 이 라인 밖에 있었어. 제3차 세계대전이 될지도 모를 소련과의 충돌을 피하기 위한 결정이었다지만 우리에겐 치명타였지. 게다가 미국은 한국에 대한 군사원조도 최소화했어.

이런 상황이 남침의 호기라고 생각하던 김일성에게 귀가 번쩍 뜨이는 제안이 왔어. 1950년 1월 소련 스탈린이 김일성에게 전쟁을 지원할 용의가 있다고 한 거야. 3월에 김일성은 박헌영과 함께 비밀리에 모스크바로 가서 지원 문제를 협상해. 결국 스탈린도 김일성의 강력한 의지를 보고 승낙했어. 단 중화인민공화국(이하 중국)이 원조한다는 조건을 달았어.

1950년 6월 25일 일요일 새벽 4시, 북한의 조선인민군은 242대의 전차를 앞세우고 암호명 '폭풍 작전'을 개시했어. 조선인민군은 옹진·개성·동두천·춘천·인악 등의 육로와 동해안을 돌아 삼척·임원

진 등 해안선 11곳에서 일제히 38선을 넘어 남한을 공격한 거야. 역사는 이 전쟁을 '6·25 전쟁' 또는 '한국전쟁'이라고 불러.

　전쟁 정보를 입수하고도 무심했던 대한민국은 준비를 할 겨를도 없이 무방비 상태로 당할 수밖에 없었어. 당시 이승만 대통령 부부 행적을 보면 전쟁 자체를 아예 눈치채지 못했던 것 같아. 이승만 대통령은 9시 30분경 경회루로 낚시하러 갔고, 프란체스카 여사는 치과에 갔대. 이승만 대통령이 전쟁 발발을 보고 받은 시간이 오전 10시경이었어.

　전쟁 이튿날인 26일 김일성은 이 전쟁이 한국을 해방해서 조국 통일을 이루기 위한 것이라고 방송을 했대. 한반도의 공산화라는 목적을 분명히 했지. 전쟁 초기 북한군의 기세는 정말 등등했어. 사흘 만인 27일 정오에 서울 창동 방어선이 무너지면서 급기야 28일 새벽엔 서울마저 맥없이 조선인민군의 군홧발에 짓밟혔어.

　서울이 조선인민군 수중에 들어가기 직전인 새벽 2시, 서울역에

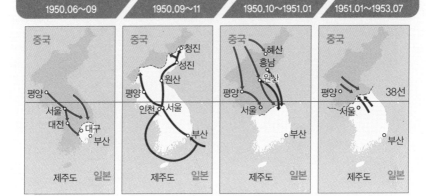

| 북한의 남침
1950.06~09 | 국군·유엔군 반격
1950.09~11 | 중국군 개입
1950.10~1951.01 | 휴전 협정 체결
1951.01~1953.07 |

6·25 전쟁 과정

검은색 승용차 한 대가 들어왔어. 이승만 대통령 부부가 탄 차였지. 이승만 대통령은 서울역에서 대전행 특별열차에 몸을 실었어. 인민군이 코앞까지 밀려오자 도망간 거야.

새벽 3시 비상 국무 회의가 열렸고 수도를 수원으로 옮기기로 결정했어. 이 회의는 이승만 대통령이 서울을 빠져나간 것을 확인한 다음에 연 거였대. 육군본부 긴급 참모회의에서는 '정부나 국회는 후퇴해도 국군만은 최후까지 서울을 사수한다'고 결의했어.

밤새 엄청난 일들이 벌어졌지만 정부는 이 상황을 시민들에게 일절 알리지 않았어. 26일 아침 8시가 되자 신성모 국방장관은 "국군이 조선인민군을 물리치고 북진 중에 있다"라는 담화까지 발표하며 여론을 호도했어. 이날 밤 10시 KBS(중앙방송)에서 이승만 대통령의

폭파된 한강철교(왼쪽)과 한강인도교

담화가 발표돼. 이 담화는 '서울은 안전하다'라는 내용으로 알려졌는데, 사실은 미국의 지원 사실을 알리는 한편 전쟁에 임하는 군인과 경찰에 대한 격려였어.

28일 새벽 2시 반, 미군 항공기가 한강대교와 철교에 폭탄을 투하해. 곧 서울을 점령할 조선인민군이 남쪽으로 더 남하하지 못하도록하려는 전술적 차원에서 그랬다는 설이 있을 뿐 그 이유가 밝혀지지 않았어. 이러한 상황에서 국군은 조선인민군 전투기의 폭격이 비오듯 하는 가운데 한강을 건너 철수했고, 서울은 조선인민군의 수중에 넘어갔어.

반격의 인천 상륙 작전

조선인민군의 파죽지세는 대전을 거쳐 호남 일대를 휩쓸었어. 이에 국군은 낙동강 전선을 마지노선으로 정하고 반격할 작정이었지. 나름 믿는 구석이 생겼거든. 7월 7일 맥아더 장군을 총사령관으로 한 유엔군이 조직되었고, 그들이 전쟁에 참여하기로 한 거야.

유엔군의 참전이 곧바로 전쟁 양상을 바꾸지는 못했지만, 간혹 조선인민군과의 전투에서 승전보를 전하면서 반전 카드를 만들었어. 그 대표적인 반전 카드가 바로 9월 15일 맥아더 사령관의 지휘 아래 감행된 '인천 상륙 작전'이야. 멋모르고 아래로 내려왔던 조선인민군은 한반도 허리에서 가로막혀 오도 가도 못 하는 신세가 됐어. 후방이 막혀 군수품이나 군량을 보급받지 못하기 때문에 전방에게는 큰 문제였지. 이 반전 카드로 조선인민군 수중에 넘어간 서울이 9월 28일에 다시 수복되었어.

파죽지세의 유엔군은 단숨에 평양까지 진격했어. 그런데 중국의 인민지원군(이하 중공군)이 '인해전술'로 전쟁에 참여하면서 또 다른 국면을 맞아. 인해전술은 말 그대로 압도적인 숫자의 군인들로 공격하는 건데, 무려 28만 명의 중공군이 밀고 내려온 거야. 인해전술은 맨 앞 선봉대를 섬멸해도 그다음 줄이 계속 등장하는 무서운 작전이야. 이 과정에서 우리 군인들의 희생이 생겼기 때문에 후퇴할 수밖에 없었어.

인천에 상륙한 미국 해병대

후퇴를 결정할 수밖에 없었던 계기는 그 유명한 '장진호 전투'였어. 장진호는 함경남도 장진에 있는 호수야. 11월 27일, 중국 제9병단이 그곳에 있던 미국 제10군단을 기습 공격했어. 혹독한 추위 속에서 17일간 전투가 벌어졌는데, 포위된 미군은 눈물을 머금고 철수를 결정했어. 그 유명한 제10군단의 흥남 철수 작전도 유엔군의 북한 철수의 마지막 단계였어.

1951년 1월 4일, 유엔군은 다시 남하했는데, 역사는 이를 '1·4 후퇴'라고 불러. 이때 맥아더 장군은 원자폭탄 사용을 포함한 강경책을 본국인 미국에 요청하기도 했대. 만약 맥아더 장군의 구상대로

인천 상륙 작전에 성공한 미군은 원산에서도 상륙 작전을 실시했다.

흥남 철수 작전 중 폭파되는 흥남 부두

원자폭탄을 사용했다면, 그 결과는 생각만 해도 끔찍하지. 다행히 그런 일은 일어나지 않았어. 이 일을 계기로 맥아더가 물러나고 리지웨이Matthew Bunker Ridgway가 사령관이 되었지. 리지웨이는 다행히 중공군을 잘 막았어.

하지만 이 과정에서 양민 학살 같은 끔찍한 일들이 많이 벌어졌어. 무고한 많은 양심수도 학살당했지. 이런 것들의 실체적 진실을 밝히기 위해 지금도 조사가 이어지고 있어.

이후 인적, 물적 토대를 소모만 하는 지루한 공방전이 계속되자 휴전에 관한 논의가 이루어지게 되었어. 유엔을 중심으로 하는 휴전

피난을 떠나는 민간인

논의는 1951년 3월, 정전결의안 채택으로 이어졌지. 주요 내용은 '현 상태의 정전, 휴전 기간 중 한국 문제의 정치적 해결, 외국군의 단계적 철수' 등이었지만 중국이 말을 바꾸어서 없던 일이 되었어.

반면 이승만 대통령은 휴전을 결사반대했어. 북진통일에 대한 의지가 반영된 반대였거든. 이 전쟁이 통일할 수 있는 기회라고 생각했지만 이승만 대통령의 반대가 큰 변수가 되지는 못했어.

휴전에 부정적이던 소련은 이 제안을 긍정적으로 검토했어. 이후 모스크바에서 만난 스탈린과 마오쩌둥은 38도선의 경계선을 복구하는 조건에서 휴전이 유익하다는 결론을 냈지. 이것으로 휴전 협상의 물꼬가 텄어. 이후 양측을 대표하는 미국과 소련은 몰래 접촉해서 협상을 진척시켜 나갔어. UN 측 수석대표는 미국 해군제독 토너 조이Turner Joy 중장, 공산군(조선인민군·중공군) 측 수석대표는 북한인민군 총참모장 남일이었어. 한국군의 백선엽 소장이 회담장에 들어가기는 했으나 발언권은 없었어. 이렇게 처음부터 대한민국은 배제된 채 휴전 협상이 진행됐어.

휴전 회담이 진행되는 가운데 전쟁은 계속됐어. 세계 전쟁 역사상 처음 보는 형태인 소극적인 전쟁, 즉 '제한 전쟁'이었지. 휴전되면 각기 점령 지역에서 국경이 정해지는 조건으로 싸우는 전쟁이어서 이미 전쟁은 끝난 거나 마찬가지였어.

6·25 전쟁을 멈추다

분위기가 휴전을 당연시하는 쪽으로 흐르는 가운데, 휴전을 반대하던 이승만 대통령의 입장도 바뀌었어. 9월 20일에 휴전을 수락하되 중공군 철수, 조선 민주주의 인민 공화국 무장 해제, 유엔 감시 아래 총선거 실시를 조건으로 내세웠어.

하지만 이승만 대통령은 협상 당사자가 아니었기 때문에 그의 조건은 큰 영향을 미치지 못했어. 유엔과 공산군 측은 이승만 대통령의 의견을 고려하지 않고 휴전 협상을 진행했지만, 합의하기가 힘들었어. 전쟁을 멈추어 더 이상의 희생을 막자는 유엔군의 '선휴전'과 휴전이 확실하게 담보돼야 한다는 공산국의 '선협상'이 서로 평행선을 그은 거야.

결과적으로 공산군의 주장대로 '선협상'으로 마무리되긴 했지만, 군사분계선 설정 같은 예민한 문제가 있었어. 공산군은 분단 상태로의 복귀라는 의미에서 북위 38도선, 유엔군은 해·공군력 등 '군사력 우세'에 대한 보상 원칙을 들어 38도선 북방의 어느 한 선을 각각 주장했지. 군사력 우세는 전쟁을 더 진행할수록 군사력이 우세한 진영이 더 많은 땅을 차지한다는 논리야.

하지만 이 문제를 오래 끌지는 않았어. 1951년 11월 27일 "현 실제 접촉선을 군사분계선"으로 하고, 군사분계선과 비무장지대DMZ: Demilitarized Zone를 설치하기로 한 거야. 군사분계선은 남과 북을 구

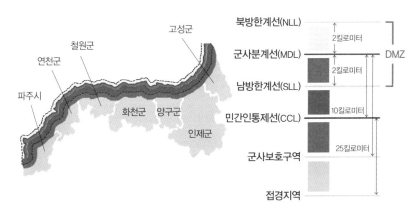

비무장지대 경계

분하는 선이고, 비무장지대는 군사분계선을 기준으로 남북 각각 2킬로미터씩 무장하지 않은 지역이야. 실제 군사분계선이 확정된 것은 휴전 협상 완전 타결 직전인 1953년 7월 21일을 기준으로 정해졌어. 협상하는 동안 양측은 땅을 조금이라도 더 확보하기 위해 치열한 고지전을 벌였지. 휴전이 확정되자 155마일(약 248킬로미터) 전선에는 200미터 간격으로 1292개의 '임시' 푯말이 세워졌어.

이제 전쟁 포로 문제를 해결해야 했어. 공산군은 제네바 협정에 따라 모든 포로의 자동 송환을 주장했어. 반면 유엔군은 개인 양심과 권리에 따라 송환해야 한다고 했어. 가령, 한국에 잡혀 있는 포로가 북한 대신 제3국으로 가겠다고 하면 그 의사를 존중해야 한다는 것이지.

이 문제는 쉽게 합의에 이르지 못하고 지루하게 진행되다가 중공의 저우언라이周恩來가 부상 포로 우선 교환을 제안하면서 급물살을 탔어. 이때 이승만 대통령이 반공 포로 2만 5000명을 전격적으로 석

1953년 7월 27일에 체결된 정전 협정

방하면서 승부수를 던졌어. 이는 휴전 후 안보를 대비해서 미국과 상호 방위 조약 같은 것을 체결하려는 의도가 숨어 있었지. 하지만 미국은 이 조치에 분노해 이승만 대통령을 제거할까도 고민했대.

미국은 국제적인 전쟁이나 분쟁이 일어나면, 정치적·군사적 참여를 피하고자 하는 '고립주의'를 고수하고 있었어. 그래서 안보 조약 체결이 쉽지 않았지만 이승만 대통령과 미국에는 '반공'이라는 공통분모가 하나 있었어. 이 고리로 1953년 8월 '한미 상호 방위 조약'을 체결하게 된 거야. 휴전 협정도 타결했지.

1953년 7월 27일 22시, 판문점에서 마침내 정전 협정이 체결돼. 이로써 전쟁 발발 3년 1개월 만에 6·25 전쟁은 '종전'이 아닌 '휴전' 상태에 돌입했어. 전쟁은 정지했지만 그 상처는 상상을 초월했어. 사용된 폭탄 수가 제1차 세계대전과 맞먹는다고 하지. 그로 인한 인명 살상과 건물 파괴 등은 가늠할 수조차 없을 정도로 엄청났어.

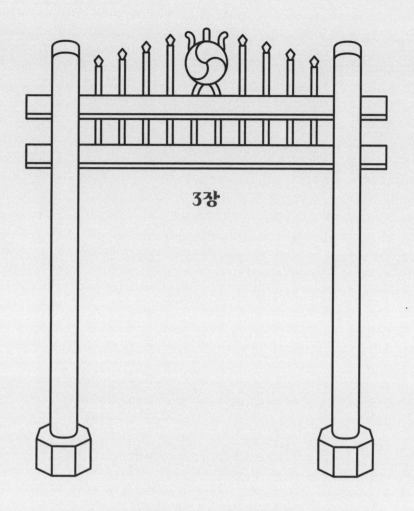

3장

이승만은 어떻게
정권을 연장하려 했을까

조작된 연임

대한민국에겐 전쟁 중에도 정치적인 문제가 있었어. 이승만 대통령 임기가 1952년 8월 14일까지였거든. 곧 있을 대통령 선거 때문에 내부에서는 정치 싸움도 엄청나게 심했어. 문제는 이승만 대통령의 연임이 어려웠다는 거야. 6·25 전쟁 직전인 1950년 5월 30일에 치러진 총선거 결과 때문이야. 제헌국회 때 참여하지 않았던 중도파가 이 선거에서 대거 당선되어 이승만 지지자들이 많이 줄었거든. 대통령 선거는 국회에서 국회의원 투표로 뽑잖아. 당선되기 어려운 상황이 된 거지.

이승만 대통령 측은 개헌으로 이 위기를 돌파하려 했어. 1951년 광복절 경축사에서 이승만 대통령은 대통령 직선제와 양원제로의

내각책임제 개헌을 주동한 국회의원들을 연행하고 있다.

개헌 필요하다며 군불을 지피기 시작했어. 그리고 이승만 대통령은 자유당을 창당하고 11월 28일, 대통령 직선제와 양원제를 핵심으로 하는 개헌안을 국회에 제출했어. 하지만 1952년 1월 18일 실시한 국회 투표 결과는 부결되었지.

국회에서는 내각책임제 개헌안을 제출했어. 하지만 이승만 대통령 측에서 역시 결사반대했어. 이승만 대통령은 민중자결단이나 땃벌떼, 백골단과 같은 정체불명의 관변 단체까지 동원해 국회 해산을 요구하도록 했지. 그래도 안심이 되지 않자 5월 25일, 임시수도인 부산과 경상남도, 전라남도, 전라북도의 23개 시·군에 계엄령을 선포했어. 겉으로는 공비 소탕이 이유였지만, 국회 해산을 강행하기 위한 사전 정지 작업이었지. 결국 이승만 정부는 이튿날 '부산 정치 파동'을 일으켜. 내각책임제 개헌 주동자들을 빨갱이로 몰아서 잡아들인 거야.

이렇게 공안정국*을 만들어 놓고 이승만 대통령 측 장택상 국무총리가 소위 '발췌 개헌안'을 제출해. 이 개헌안은 부결된 대통령 직선제 안과 국회의원들이 제출한 내각책임제 안에서 필요한 것만 발췌해서 만들었다고 해서 '발췌 개헌안'이야.

이런 상황에서 이승만 대통령 암살 시도 사건이 일어나. 의열단원이었던 김시현 의원이 이끄는 12명의 반정부 조직이 배후였어. 암살범 유지태가 권총 방아쇠를 당겼지만 불발되어 미수에 그쳤지.

이 사건은 내각제 세력에게 큰 타격을 입혔고, 당연히 이승만 대통령 측에는 반전의 기회가 되었어. 결국 7월 2일 밤, 정치 테러 집단이 국회를 포위했고, 발췌 개헌안이 통과되었어. 국회는 7월 17일에 이 개헌안을 공포해.

개헌안을 공포하고 이틀이 지난 뒤, 직선제를 손에 든 이승만의 자유당은 대전에서 대통령과 부통령 후보를 뽑기 위한 전당대회를 열어. 여기서 이승만은 대통령, 이범석은 부통령 후보에 각각 뽑혀

🖍 **공안정국**

정부나 집권당이 야당이나 정치적 반대 세력을 탄압하기 위해 사회적인 긴장을 유발하고 국가안보에 심각한 위험이 생긴 것처럼 과장해서 조성하는 정치적인 국면을 말한다.

공천을 받았지. 이승만 대통령은 당시 자신을 후보로 지명하지 말라고 말했어. 직선제 개헌 때 비판이 일자 출마하지 않는다고 대응했거든. 그런데 또 대통령 후보가 되면 속이 보일 테니 일부러 그런 제스처를 취한 거야. 가만히 있을 리 없는 자유당은 국민이 이승만의 재출마를 원한다는 여론을 만들었어. 350만 명이 서명한 재출마 탄원서를 만들어 내기도 했지. 결국 이승만은 7월 24일 국민이 원하기 때문에 할 수 없이 입후보를 하겠다고 선언했어.

우여곡절 끝에 8월 5일, 제2대 대통령 선거가 치러졌어. 이 선거에는 자유당의 이승만을 비롯해 민주국민당 이시영, 무소속의 조봉암과 신흥우가 출마했어. 그런데 이승만은 같은 당의 이범석 부통령 후보 지지를 거부해. 자신은 특정 정당의 후보가 아니라 국민 전체의 후보라며 변명했어. 하지만 장택상을 몰아내고 자유당의 실권자가 된 이범석이 혹시 몰래 힘을 키우고 있을 수도 있다는 점에서 견제한 거였어. 결국 부통령에는 무소속 함태영이 당선됐어. 이승만도 74.61퍼센트의 압도적인 지지로 당선돼.

사사오입으로 만든 개헌

이승만 대통령의 욕심은 끝도 없었어. 연임을 위한 '발췌 개헌'도 모자라 영구 집권을 위한 계획을 세웠어. 물론 이런 무리수를 또 두려는 것은 나름 정치적 힘의 배경이 있었기 때문이야.

이 배경을 알기 위해서는 1954년에 실시된 민의원 선거를 주목해야 돼. 5월 20일에 치러진 민의원 선거에서는 여당인 자유당이 압승을 거두었어. 전체 의원정수 203석 중 자유당이 114석을 차지했고, 야당인 민주국민당은 15석, 무소속은 67석을 얻었지. 민의원 선거에서 자유당원의 수가 압도적으로 많았기 때문에 이승만 대통령은 정치적인 힘을 가질 수 있었던 거야. 그런데 선거에서 과반 의석을 훌쩍 넘긴 자유당의 관심사는 이미 더 먼 곳에 있었어. 바로 1956년에 실시될 제3대 대통령 선거였지.

문제는 이승만 대통령이 대통령직을 그만할 생각이 없다는 거였어. 헌법은 대통령 중임제를 채택하고 있었기에 대통령직을 두 번이나 맡은 이승만 대통령은 출마 자격이 없었지. 그래서 이승만 대통령은 또 헌법을 고치겠다고 다짐해.

자유당은 이런 일에 대비하는 차원에서 민의원 출마자들에게 공천을 줄 때 헌법 개정안에 찬성한다는 각서를 쓰게 했어. 이때 '정당 공천제'를 도입했다고 긍정적으로 평가하기도 하는데, 다 나름 큰 그림이 있었던 거야.

이승만 대통령이 다시 대통령직을 맡으려면 의석수 확보가 관건이었는데, 민의원 선거 당시 무소속으로 당선된 67명과 접촉해서 24명을 자유당 편으로 만들었어. 자유당은 의원 전원인 114명과 우호적인 무소속 의원 24명을 끌어들여 136명이 서명한 헌법 개정안을 9

월 8일에 국회에 제출했는데, '136'명이라는 숫자는 나중에 큰 나비 효과를 일으키게 돼.

자유당이 개정하자고 했던 헌법 내용이 여러 가지가 있지만 초대 대통령은 중임 제한 조항이 적용되지 않는다는 것 하나만 기억하면 돼. 이 헌법 개정안은 많은 국민이 관심을 가졌어. 이승만 대통령이 과연 또 대통령직을 맡을 수 있는지에 관한 것이 초미의 관심사였거든.

그러던 와중에 1954년 10월 26일에 '뉴델리 밀회 사건'이 일어나. 민주국민당 신익희 대표가 1953년 7월 26일 인도 뉴델리에서 6·25 전쟁 당시 북한에 납치된 조소앙을 비밀리에 만났다는 게 밝혀졌어. 여기서 둘은 서로의 체제를 인정하고 중립화를 해서 국가연합을 이루자는 영세중립화 논의를 했대. 신익희 대표의 일이 무혐의로 끝나긴 했지만 자유당은 이런 호재를 덥썩 물었어. 반공주의를 부추겨 강력한 리더십이 필요하다는 것을 주장했고, 이 일은 결국 이승만 대통령의 출마를 가능하게 하는 헌법 개정안에 긍정적으로 작용했지.

결국 11월 27일, 헌법 개정안에 대한 국회 의결이 진행됐어. 결과는 재적 203명 가운데 찬성 135표, 반대 60표, 기권 7표였지. 자, 앞에서 숫자 '136'에 주목하라고 했잖아. 이 숫자는 바로 헌법 개정안 통과에 필요한 찬성표인 재적의원의 3분의 2에 해당하는 136표를 뜻해. 그런데 135표로 뜻을 이루지 못한 자유당은 이 결과를 뒤집을 아이디어를 생각해 냈어. 서울대 수학과 최윤식 교수의 자문에 따라

4·19 혁명의 배경이 된 사사오입 개헌

203명의 3분의 2가 '135'라는 수학(산수)적 계산법을 발견해 낸 거야. 203의 3분의 2는 135.33…인데, 산수에는 '반올림'이란 게 있잖아. 소수점 이하를 버리면 의결정족수는 '136'이 아니라 '135'도 가능할 수 있다는 얘기가 돼.

이승만 정부는 이튿날 203명의 3분의 2는 '135'라고도 볼 수 있다는 특별성명을 발표하고, 자유당은 긴급의총을 열어서 논리를 만들었어. 어제의 개헌안은 구하는 자리보다 한 자리 아래의 숫자가 5보다 작을 때에 버리는 '사사오입'을 하면 가결된 거라는 논리로 성명을 발표했지. 그래서 역사는 이 개헌을 '사사오입 개헌'이라고 불러.

1956년 5월 15일, 이승만 대통령은 "내 나이 이미 팔십이 넘어…

물러가는 것이 옳을 줄로 생각한다"라는 말로 사양하는 척하다 결국 대통령 선거에 출마해서 당선돼. 부통령엔 이승만의 부하인 이기붕이 출마했지만, 야당의 장면이 당선됐어. 자유당과 민주당의 동거 정부가 탄생한 거지.

사법 살인의 피해자

이승만 대통령의 끊임없는 집권욕은 가뜩이나 6·25 전쟁을 겪으면서 초토화됐던 국가 경제를 더 어렵게 만들었어. 게다가 인플레이션까지 겹치면서 한국 경제는 이중고를 겪고 있었지. 1955년의 1인당 소득은 50달러를 조금 넘는 수준이었어.

당시 미국은 한국이 안정되길 바랐어. 자칫 정권이 붕괴하면 감당하기 쉽지 않을 것 같았거든. 그래서 미국은 한국의 경제 개발 계획을 고민하기 시작했어. 동시에 한국더러 경제 개발 계획을 제출하라고 압박했지.

하지만 철저한 반공주의자였던 이승만 대통령은 자유주의 국가인 대한민국은 사회주의 국가에서나 하는 '계획 경제' 따위는 필요 없다며 거절했어. 그런데 실은 이승만 대통령도 경제 개발과 안정에 관심이 많았대. 다만 계획이라는 말이 마음에 안 든 거지. 결국 마음을 바꿔 경제 개발 계획은 세우지만, 실행하기도 전에 자유당 정권이 무너져서 실천하진 못했어.

국가 경제가 어렵고 국민의 삶이 피폐함에도 이승만 정권의 권력 놀음은 그칠 줄 몰랐어. 이승만 정권은 '반공청년단', '상이군경회', '서북청년단' 같은 정부가 만든 단체를 동원해서 이승만 대통령과 자유당을 비판하는 사람은 가리지 않고 제재했어.

그러면서도 이승만 대통령은 열심히 정적을 제거했어. 가장 대표적인 사건이 '장면 부통령 저격 사건'이었지. 1956년 9월 28일, 서울 시공관에서 민주당 전당대회가 열렸어. 민주당은 사사오입 개헌 때 범야권의 결집으로 탄생한 정당이야. 조병옥, 이범석, 신익희 등이 주도해서 만든 민주당은 반공주의를 표방하고 있어서 자유당과 무늬가 거의 같은 보수당이지. 함께 하려던 조봉암은 따로 진보당을 결성했어.

그런데 전당대회에서 장면 부통령이 총에 맞는 사건이 일어난 거야. 다행히 생명에는 지장이 없을 정도인 왼손 관통상을 당했어. 그런데 저격범은 느닷없이 "조병옥 박사 만세!"라고 외쳤어. 이승만이나 자유당이 배후가 아니라는 위장이었지만, 검찰 수사에서 내무부의 개입 정황이 드러났어. 저격범들에게 사형이 선고되었는데, 장면 부통령의 선처 호소로 감형되었다고 해.

정적 제거를 위한 이승만 정부의 다음 목표는 진보당의 조봉암이었어. 이승만 대통령은 국무회의에서 "조봉암은 아직도 공산당원이 틀림없다"라며 노골적인 적개심을 드러내기도 했대. 이승만 대통령

법정에 선 진보당 대표 조봉암

입장에서는 당연히 제거해야 할 정적이었지.

　이승만 대통령은 조봉암이 있는 진보당부터 쳤어. 1958년 1월 12일, 서울시 경찰국은 북한 괴뢰 집단과 협상해서 정부 전복을 기도하고 있다는 이유로 진보당 간부들을 체포해. 조봉암도 이튿날 자진 출두하고 있었는데, 국가보안법 위반 혐의로 체포되었어. 이승만은 "조봉암은 벌써 조치되어야 할 인물"이라고 말했대. 10월 25일 조봉암에겐 사형 선고가 내려졌고, 1959년 7월 31일 사형이 집행됐어. 너무 빨리 진행된 사형이 이상하지 않아? 이승만 정부는 순식간에 사법 살인을 저지른 거야. 하지만 이 사건은 2011년 1월 20일 대법원 전원합의체 재심공판에서 대법관 13명의 전원 일치 의견으로 무죄가 나왔어. 조봉암은 사형이 집행된 지 52년 만에 명예를 회복한 거지. 하지만 이미 빼앗긴 목숨을 되돌릴 수 없는 이 역사의 아이러 니, 참 안타까운 일이야.

우상화된 대통령

국회 속기록에는 당시 이승만 대통령의 눈치를 보며 심기경호를 한 여러 일화가 기록되어 있어. 이승만 대통령이 방귀를 뀌자 옆에 있던 장관이 "각하, 시원하시겠습니다!"라는 말도 했대.

'사바사바'라는 말 들어 봤어? '아부'라는 뜻인데, 뒷거래를 통해 은밀히 조작하는 짓을 말해. 이승만 정권 때 생긴 용어로, 당시 얼마 나 정권이 부패했는지를 상징적으로 보여 주는 단어야.

이승만 대통령의 위세가 어떠했는지 보여 주는 또 다른 일화로 '가짜 이강석 사건'이 있어. 이승만 대통령 부부에겐 자녀가 없었어. 이승만 대통령은 초혼 당시에 아들이 있었으나 미국에서 죽었거든. 프란체스카 여사와 새로 결혼한 뒤에는 아이가 없어서 1957년에 이 기붕의 큰아들인 이강석을 양자로 들였어. 그해 이강석은 서울대에 입학해. 그런데 '대통령 아버지 찬스'라는 것이 밝혀지자 학생들이 등교 거부를 하는 등 거세게 반발했어. 결국 이강석은 학교를 그만 두지.

26사단 장교와 악수하는 이승만 대통령과 프란체스카 여사

그만큼 이강석이라는 이름만으로도 힘이 있었는데, 1958년 8월 30일 밤, 경주경찰서장에게 한 청년이 전화를 걸어 이강석이라고 신분을 밝혔어. 경주경찰서장은 버선발로 달려가 그를 만났어. 이 청년은 아버지 밀명에 따라 수해 상황을 보러 왔다고 했지. 경주경찰서장은 그를 최고급 호텔로 데려가는 등 극진히 대접했어. 그런데 이 청년은 이강석이 아니라 강성병이라는 스물두 살짜리 청년이었어. 용돈이 궁해서 꾸민 연극이었대. 코미디 같지만 사실이야.

이런 상황에서 아부꾼들은 상상을 초월하는 우상화까지 했대. 1958년 이승만 대통령의 팔순 생일을 기념해서 24미터나 되는 동상을 세웠어. 이승만 대통령의 얼굴을 넣은 100환짜리 동전을 비롯해서 화폐 8종이 발행되었고, 이승만 대통령의 호를 딴 우남송덕관, 우남회관, 우남정 등의 건물이 건축되었어. 심지어 서울시를 우남시로 이름을 바꾸려고까지 했대. 압권은 이승만 찬양가까지 지어서 배포했다는 거야. 작사자는 박목월, 작곡자는 김성태였어. 1절만 볼까.

"우리나라 대한나라 독립을 위해, 여든 평생 한결같이 몸 바쳐 오신, 고마우신 리 대통령 우리 대통령, 그 이름 기리기리 빛나오리다."

좀 낯간지럽지? 그런데 이런 식의 우상화는 정권의 목숨이 얼마 남지 않았음을 상징하는 것이 역사의 법칙이야. 권력자는 이런 단맛에 취해 도낏자루 썩는 줄 모를 테고, 아부자는 그 곁에서 온갖 짓을 저지르며 국정을 농단하기 마련이거든. 그래서 절대적인 독재 권력은 부패하고, 부패한 권력은 썩어. 이 우상화의 행간 속에는 이승만 자유당 정권도 이제 그 말로를 향해 달려가고 있음을 알리는 경고가 숨어 있었던 거야.

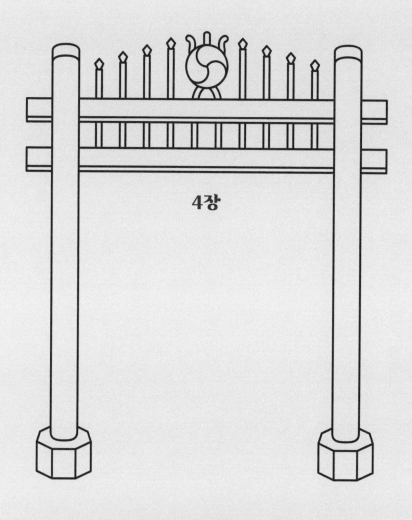

4장

4·19 혁명은 왜
미완의 혁명일까

다시 출마한 이승만

이승만 대통령에게 1960년은 대통령 선거가 있는 해여서 아주 중요했어. 이승만 대통령은 세 번으로도 만족하지 못하고 또 대통령이 되고 싶었기 때문이야. 종신 대통령을 꿈꾸었다고 해도 과언이 아니야. 이승만 대통령은 원래 이번 대선 또한 출마하지 않겠다고 했어. 하지만 국민들은 앞선 두 번의 대선에서 보았던 것처럼 간청에 못 이겨 마지못해 출마하는 척 하는 건 아닐까 의심했어. 그런데 1959년 1월 6일, 이승만 대통령은 역시나 이번에도 대통령 선거에 출마한다는 의사를 밝혔어. 이승만 대통령의 불출마 번복은 자신의 당선을 위한 본격적인 준비를 시작하라는 신호였어. 내심 기다리고 있던 정부와 자유당은 곧바로 당선을 위한 발판을 준비했지.

자유당은 재빨리 조직 확대 작업에 나서서 청년 단체인 '대한 반공 청년단'을 발족시켜. 이 단체는 선거 운동 현장에서 몸으로 뛸 전위대이자 행동대야. 다음으로 '지방자치법'을 바꿔 시읍면장 임명제를 도입했어. 시읍면장을 하고 싶으면 자유당의 말을 따를 수밖에 없게끔 만든 거야. 또 개각은 물론 7개 도의 지방장관까지 자유당 인사로 바꾸는 등 행정 조직을 이승만 당선을 위한 선거조직으로 개편했어.

여기서 주목해야 할 인물인 내무부장관 최인규가 등장해. 그는 시장과 군수, 경찰서장을 한 곳에 모아서 대놓고 이승만 대통령과 이기붕이 당선되도록 사주했어. 어떠한 비합법적인 비상수단을 사용해서라도 당선되게끔 하라는 것이었지.

6월 29일에 자유당은 후보를 정하기 위한 전당대회를 열었어. 하지만 이미 후보는 정해져 있었어. 대통령 후보엔 이승만 대통령, 부통령 후보엔 이기붕이었지.

민주당도 11월 29일에 대통령과 부통령 후보를 지명했어. 구파와 신파의 내부 갈등 때문에 좀 늦었지만, 대통령 후보에 미국 군정청 경무국장 출신인 구파의 조병옥, 부통령 후보에 신파의 장면을 각각 지명했어.

민주당 후보가 확정되자 자유당의 위기의식은 더 커졌어. 예상하기 싫은 결과가 나왔거든. 대통령 후보도 대통령 후보지만 문제는 부통령 후보 때문이었어. 대통령 선거에서 민주당 부통령 후보를 더

민주당 정·부통령 후보
지명대회에서 만난 조
병옥 박사(왼쪽)와 장면
부통령 후보

신경쓰는 게 이상하지? 그때 우리 헌법은 대통령과 부통령을 미국처
럼 러닝메이트가 아니라 따로 뽑는 방식이어서 자유당은 더 걱정이
었어.

　자유당이 긴장할 수밖에 없는 현실적인 이유는 이승만 대통령의
나이 때문이야. 이승만 대통령의 나이는 이미 팔십 대 중반이었어.
1960년대 우리나라 평균수명이 쉰 살을 조금 넘길 정도였으니까, 겉
으로 말 못 해도 속으론 걱정할 수밖에 없었어. 이승만 대통령에게
치명적인 일이 발생하면 헌법에 따라 부통령이 대통령직을 승계하거
든. 그런데 이기붕은 당선 가능성이 적어. 이미 지난 선거에서 장면

에게 졌잖아. 그럼 정권은 자연스럽게 민주당으로 넘어가게 돼. 투표하지 않고도 정권이 교체되는 거지. 더욱이 민심도 자유당 편이 아니었어. 국민의 먹고사는 문제는 뒷전이고, 그저 권력 놀음이나 하는 정치인을 좋아할 리 없지. 자유당도 이 점을 잘 알고 있었어.

기상천외한 부정 선거

내무부장관 최인규는 자유당 득표율을 85퍼센트까지 높이겠다며 기상천외한 행동 지침을 만들어 지방에 몰래 배포해. 유권자 40퍼센트의 표에 자유당을 찍어 미리 투표함에 넣는 '4할 사전투표', 3인과 5인으로 묶어 조장 확인 아래 투표하는 '3인조 5인조 공개투표', 자유당 완장을 찬 사람을 배치해 심리적으로 압박하는 '완장 부대 활용', 투표장에 야당 참관인이 없도록 하는 '야당 참관인 축출'이라는 기상천외한 부정 선거를 하라고 지시한 거야.

부정 선거를 하려면 많은 사람을 동원해야 해서 돈도 많이 필요해. 고무신을 주고 표를 얻는 '고무신표', 막걸리를 주고 표를 얻는 '막걸리표'처럼 수단과 방법을 가리지 않고 표를 얻어야 했거든. 그래서 자유당은 정부 부처와 은행, 기업에 돈을 요구했고, 목표액 50억 환을 넘어 70억 환까지 걷었다고 해.

여야의 대진표는 확정되었고 남은 건 선거 운동을 해서 당선되는

자유당의 선거 홍보 차량과 선거 포스터

것이었어. 자유당은 이미 수단과 방법을 가리지 않았기에 야당은 절대적으로 어려웠지.

그런데 민주당 대통령 후보 조병옥에게 갑자기 병이 생겼어. 위에 탈이 난 거야. 조병옥은 1960년 1월 29일에 치료를 받기 위해 미국으로 건너갔어. 수술을 받고 경과도 좋았대. 그런데 2월 15일, 조병옥은 수술 후유증으로 사망했어.

민주당은 당황할 수밖에 없었지. 지난번 대선에서 내세웠던 신익희 후보도 유세 도중 사망했는데, 이번에도 이런 일이 반복된 거야. 야당의 변수는 곧 이승만의 당선을 의미했어. 대통령 후보가 2명뿐이었거든. 조병옥은 출국하면서 5월로 예정된 대통령 선거를 연기하자고 했대. 치료 기간을 고려한 제안이었지. 하지만 이승만과 자유당은 오히려 선거일을 3월 15일로 앞당겼어. 조병옥이 선거 운동을 하지 못하도록 손발을 꽁꽁 묶어 놓은 거지.

야당의 변수가 있었음에도 자유당은 부통령 문제 때문에 계속 불안했어. 이기붕의 경쟁력이 장면에게 뒤진다는 건 누구나 인정하는 상황이니까. 자유당은 무슨 수를 써서라도 이기붕을 당선시켜야 했어. 그래서 선거 운동 현장에 정치깡패를 동원하고, 갹출해둔 풍부한 자금을 살포해 표를 샀지. 민주당 또한 대통령 후보가 없는 상황에서 부통령 후보라도 당선시키기 위해 죽기 살기일 수밖에 없었어.

2월 28일 일요일 장면 부통령 후보가 대구에서 유세를 하기로 했어. 그런데 당국은 일요일에도 학생들을 등교시켰대. 겉으로는 중간

2·28 대구 학생 의거 기념탑

고사를 당겨서 친다, 토끼 사냥한다, 영화 관람한다고 했지만, 속내
는 민주당 유세장에 가지 못하도록 한 거였어. 그러자 경북고등학교
이대우 학생부 위원장을 비롯한 8명의 학생이 이대우 집에 모여 일
요 등교 지시에 항의하는 시위대를 조직해. "백만 학도여 피가 있거
든 우리의 신성한 권리를 위해 서슴지 말고 일어서라"라는 결의문도
작성했어.

이날 오후 1시 학생 800여 명이 모여 "학원의 자유 보장하라", "독
재정치, 부정부패를 물리치자"라는 구호를 외치며 시위를 시작했어.
시위에는 약 1200명이 참가했고, 그중 120명이 체포됐어. 역사는 이를 '2·28 대구 학생 의거'라고 불러. 시민들이 최초로 민주 개혁을 요구한 뜻깊은 시위지.

3·15 부정 선거라는 부정투개표

드디어 3월 15일, 선거 날이 되었어. 자유당은 웬만한 부정 선거 준비를 선거 전날에 이미 다 끝냈어. 이승만과 이기붕을 찍은 투표지를 무더기로 투표함에 집어넣기만 하면 돼. 그런데 대놓고 하는 부정행위가 발각되지 않을 리 없잖아.

사건은 경남 마산에서 터졌어. 오전 10시경 시민들이 투표하러 가서 보니 이미 자기 투표권이 사전투표에 이용되어서 투표를 할 수 없었어. 여기저기서 아우성을 쳤지. 그러자 민주당 마산시당 조규남은 선거 무효를 선언했고, 이러한 상황은 경남도당을 비롯한 전국으로 퍼져 나갔어. 민주당은 오후 4시 반 긴급 담화를 발표해. "3·15 선거는 선거가 아니라 선거라는 이름 아래 이루어진 국민 주권에 대한 포악한 강도 행위"라고 한 거야.

그래도 정부와 자유당은 자신들이 세운 시간표대로 밀고 나갔어. 투표 마감 시간이 되어 투표가 끝났고, 이어 개표에 들어갔지. 이승만 정부와 자유당은 민주당의 항의 따위 안중에 없다는 듯 미리 계획해 놓은 방안들을 실천했어.

자유당이 계획한 방안 중 하나인 '올빼미표'라는 개표 방법은 일부러 투표소를 정전시키고 어두운 틈을 노려 미리 준비한 투표함으로 바꿔치기 하는 거야. '피아노표'는 미리 짠 검표원이 야당을 찍은 야당표를 개표대 아래로 떨어뜨리는 척하고는 손에 인주를 묻혀 투표 종이에 찍어 표를 무효로 만드는 거지. '샌드위치표'는 샌드위치 빵에 해당하는 위아래에 이기붕 표, 그 사이에 검표하지 않는 표를 넣어 샌드위치처럼 만드는 거야. 당연히 그 표는 이기붕표가 되는 거지.

그런데 부정투개표를 하더라도 적당히 해야 했는데 도를 지나쳤어. 이기붕 지지표가 거의 100퍼센트였거든. 국무위원들은 덜컹 겁이 난 거야. 이미 선거 운동 기간에 있었던 시민들의 저항 의식을 본 국무위원들은 시민들이 믿지 않을 것 같아서 다시 표를 조작했어. 이승만은 80퍼센트, 이기붕은 약 75퍼센트로 조정했고 결국 이기붕은 79퍼센트로 당선되었지.

이 결과를 보고 분노한 시민들은 선거일 오후부터 거리로 쏟아져 나왔어. 당연히 최인규 내무부장관은 강경 진압을 지시했지. 그런데 시위와 공권력이 강하게 부딪치면 어떤 일이 일어날까? 광기 어린 무차별적인 폭력에 무고한 시민들은 무참히 당할 수밖에 없었어.

민주주의를 위하여

분노한 민심은 마산에서 폭발했어. 선거 날 오전에 이미 부정 선거가 발각되었기에 시위도 가장 빨리 시작한 거지. 물론 '2·28 대구 학생 의거'의 영향이 컸어. 시민이라면 당연히 부정에 항거해야 한다는 의식이 표출된 거야.

시민들은 거리로 나와 정부의 부정을 규탄했어. 그런데 이날 시위에 참여했던 마산상고 김주열 학생이 행방불명된 거야. 전남 남원이 고향인 김주열은 마산상고 입시를 치르려고 마산에 왔다가 시위에 참여했어. 그의 어머니가 남원에서 마산으로 와 백방으로 수소문했지만 찾을 수 없었지. 그러다가 그의 어머니가 남원으로 돌아가던 4월 11일 오전 11시경, 마산 중앙부두에서 홍합 낚시하던 어부의 갈고리에 눈에 최루탄이 박힌 시신이 걸린 거야. 경찰이 신원을 확인한 결과, 김주열이었어.

《부산일보》의 특종 보도로 이 일이 세상에 알려지자, 사람들은 크게 분노했어. 참혹한 김주열의 주검을 마주한 2만 명의 마산 시민들은 거리로 뛰쳐나왔지. 마산경찰서와 시청에 난입하고 파출소를 습격하는 등 격렬하게 항의하기 시작한 거야. 이렇게 김주열의 주검은 전국적인 반정부 시위의 도화선이 되었어.

정부에서는 어떻게든 성난 민심을 누그러뜨리려고 최인규 내무부 장관을 교체했어. 하지만 시위는 멈추지 않았지. 그런데 이승만 대통령이 이 난동의 배후에 공산당이 있다는 특별 담화를 발표했어. 15일에는 아예 공산당 때문에 일어난 '마산 폭동'이라고 규정해버려.

이승만 대통령의 망언에 4월 18일 서울에서도 본격적인 시위가 시작됐어. 고려대 학생들이 광화문 국회의사당(현 서울시의회)으로 진출했지. 그런데 고려대 시위대는 유진오 총장의 간곡한 만류로 평화롭게 학교로 돌아가고 있었어. 이때 임화수 대한 반공 청년단 종로구 단장이 이끄는 100여 명의 폭력배가 시위대를 덮쳐. 이날 깡패들에게 쇠망치로 얻어맞아 피 흘리며 누워 있는 피해자들 사진이 조간신문 1면을 도배했어. 평화롭게 돌아가던 시위대의 피습은 국민을 더욱 분노하게 했지. 이렇게 시위의 주도권이 고등학생에서 대학생으로 넘어가면서 시위의 목표도 단순한 부정 선거 규탄에서 독재 정권 타도로 수위가 높아졌어.

4월 19일에는 서울대를 비롯한 여러 대학의 대학생과 고등학생

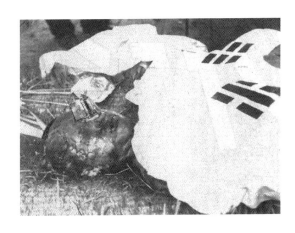

마산 중앙부두에서
발견된 김주열 군

경찰의 저지선을 뚫으려는 고려대 학생들

등 3만 명이 거리로 쏟아져 나왔어. 이들 중 수천 명이 이승만 대통령이 업무를 보고 기거하는 경무대로 몰려갔어. 경찰은 시위대를 향해 발포했지. 이젠 걷잡을 수 없을 만큼 상황이 악화한 거야. 양측다 임계점을 넘었거든. 서울 시내는 거의 무정부 상태가 되었어. 정부는 이날 오후 3시, 서울 지역에 계엄령을 선포해. 계엄령은 군인들이 모든 행정을 통제하는 초헌법적 통치야. 지방도 예외는 아니었어. 유혈 사태가 일어나면서 큰 도시에는 모두 계엄령을 선포했지.

　한편 계엄군이 시내에 들어오면서 서울은 사태가 진정되는 듯했어. 하지만 이날 하루 동안의 시위는 엄청난 인명 피해가 발생했지.

전국에서 일어난 4·19 혁명 시위

서울 약 100명, 부산 19명, 광주 8명 등 전국적으로 186명이 사망하고 6026명이 부상을 당했어. 역사는 비극적인 이날을 '피의 화요일'이라 불러.

상황을 수습하기 위해 4월 23일 장면 부통령이 사임했어. 그리고 민주화를 위해 노력하겠다고 선언해. 장면 부통령의 사임은 자신이 이승만 정권을 승계하지 않겠다는 의지로, 이승만 대통령의 하야를 유도하려는 의도였어.

그리고 이틀 후인 4월 25일에 묵묵히 지켜보던 대학교수들까지 나섰어. 서울 지역 27개 대학 교수 258명이 서울대 교수회관에 모여 시국 선언문을 발표해. 시국 선언문에는 '대통령을 위시한 여야 국회의원들과 대법관 등은 3·15 부정 선거와 4·19 혁명의 책임을 지고 물러나는 동시에 재선거를 실시하라'라는 요지의 14개 항이 담겨 있었어. 그리고 400여 명의 교수들은 "4·19 혁명으로 쓰러진 학생의 피에 보답하라"라는 플래카드를 내걸고 시가행진을 벌였지. 이날 교수들의 평화로운 행진은 사태의 상황을 반전시키는 '게임 체인저game changer'였어. 교수들의 행진에 결국 이승만 대통령이 포기한 거야.

자리에서 물러난 이승만

이승만 대통령의 가장 강력한 후원자인 미국이 움직이기 시작해. 4

월 26일 매카나기W. C. MacConaughy 주한미국대사가 "오늘은 한국과 한국인에 대하여 전 세계 사람들이 오래도록 기억해야 할 날"이라며 이승만 하야 촉구 성명을 낸 거야.

이승만 대통령은 미국 대사에게 장면과 교회 세력의 짓이라고 하면서 자유당을 탈당하고 대통령직만 수행하겠다며 버티려 했어. 그런데 하야를 건의한 건 미국 대사도 있었지만, 권승렬 법무부장관과 허정 외무부장관도 함께 건의했어. 이렇게 안팎으로 사임을 건의 받은 이승만 대통령은 더 이상 버틸 여력이 없었지. 결국 이날 오후 1시 라디오 연설을 통해 하야 성명을 발표했어.

"국민이 원한다면 대통령직을 사임할 것이며, 지난번 정·부통령 선거에 많은 부정이 있었다고 하니 선거를 다시 하도록 지시했고, 선거가 원인이 되어 일어난 모든 불미스러운 것을 없애기 위하여 이미 이기붕 의장이 공직에서 완전히 물러가겠다고 결정했고, 내가 이미 합의를 준 것이지만 만일 국민이 원한다면 내각책임제 개헌을 할 것이다."

이승만 전 대통령은 끝까지 미련이 있었나 봐. 구구절절 얘기하지 말고 깔끔하게 그만두겠다고 하면 될 일인데 말이야. 그래도 자유당의 12년 장기 독재 집권이 막을 내렸다는 데 의의를 두자.

앞에서 계속 얘기했던 대통령의 유고 사태가 드디어 발생했어. 그러면 부통령이 승계해야 하는데, 이기붕 부통령은 임기가 시작되지

하야 성명을 발표하고 경무대
를 떠나는 이승만

않은 당선자 신분이었어. 당시 부통령은 장면 부통령인데 이미 사퇴
를 했잖아. 그래서 다음 승계 순서인 허정 외무부장관이 정부 수반
이 되었어. 정국의 주도권은 자연스럽게 민주당으로 넘어갔지.

허정 대통령 권한대행(이하 허정 대행)은 치안 질서 회복에 집중하
면서 관련자를 처벌하겠다고 약속했어. 학생들과 교수들은 이기붕
의 처벌을 요구했지만 허정 대행은 거부했어. 대신 경무대 박찬일 비
서관의 건의를 받아들여 이기붕의 망명을 결정했지.

한편 경기도 양주로 도망갔던 이기붕은 4월 27일 몰래 경무대로
돌아왔어. 이튿날 새벽 이승만 전 대통령 양자로 갔던 아들 이강석
육군 소위가 아버지 이기붕과 어머니 박마리아, 그리고 남동생 이강
욱을 총으로 쏴 죽인 후 자신에게도 총을 쏘며 삶을 마무리했어.

이승만 전 대통령은 이기붕의 가족들에게 조문한 후 허정 대행의
배려로 5월 29일에 몰래 하와이행 비행기에 몸을 실어 망명을 떠났
어. 이승만 전 대통령은 하와이에서 지내다 1965년 7월 19일 아흔한

살의 천수를 누리고 이승에서의 삶에 마침표를 찍었어.

4·19 혁명은 2001년 제정된 '민주화 운동 기념 사업회 법'을 통해 대한민국 최초의 민주화 운동으로 규정됐고, 2010년 3월 9일 국무회의 의결을 통해 사실상 '국가 기념일'로 확정됐어. 그리고 우리 헌법 전문에도 명시됐어. 헌법 전문에 게재된다는 것은 우리나라의 정체성을 규정하는 매우 중요한 역사라는 의미이고, 반드시 우리가 계승 발전해야 할 정신이라는 거야.

"유구한 역사와 전통에 빛나는 우리 대한국민은 3·1 운동으로 건립된 대한민국 임시정부의 법통과 불의에 항거한 4·19 민주 이념을 계승하고…"

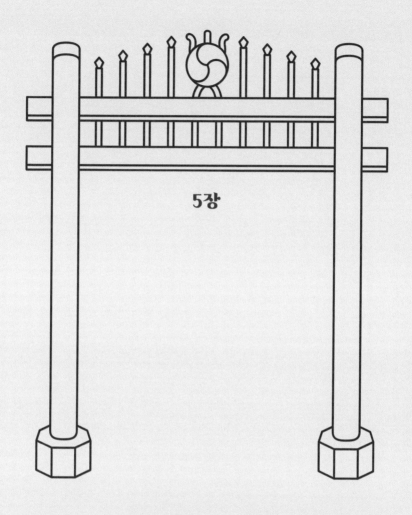

5장

박정희는 왜
군사 정변을 일으켰을까

이승만의 뒤를 따르다

"혁명적 정치개혁을 비혁명적 방법으로 단행한다."

1960년 4월 27일, 허정 대행은 취임식에서 한번에 이해하기 어려운 말을 하며 단상에 올랐어. 혁명과 비혁명은 함께 언급될 수 없는 모순되는 말이잖아. 혁명적 방법을 동원해야 도달할 수 있는 목표를 어떻게 비혁명적 방법으로 이룰 수 있을까? 국민들은 이 말을 4·19 혁명을 의식하지 않고 통치하겠다는 걸로 받아들이며 비난했어.

아니나 다를까, 당시 허정 대행이 취임사에서 했던 말은 그의 정치 행보에 그대로 담겨 있었어. 우선 허정 대행은 월터 매카나기Walter Patrick McConaughy 주한 미국 대사부터 만났어. 미국과 껄끄러웠던 이승만 전 대통령과 달리 미국이 자신의 든든한 뒷배라는 걸 과시하려는 의도였지.

미국 대사를 만나고 온 허정 대행은 개인 친분이 있는 인사들을 주요 부처 장관으로 임명해. 이승만 전 대통령이 집권한 시기와 다를 게 없었지. 허정 대행이 이승만 전 대통령 하야 이틀 전까지 내각 수반을 맡을 만큼 2인자 자리에 있었던 걸 보면 앞서 말한 어려운 허정 대행의 말을 쉽게 이해할 수 있어. 바로 이승만 정권의 연장이라는 뜻이지.

허정 대행 앞에 놓인 가장 시급한 일은 3·15 부정 선거로 인해 촉발된 정치 일정을 진행하는 거였어. 대통령과 부통령이 없으니 당시 헌법에 따라 40일 이내에 치르게 되어 있던 재선거를 해야만 했지. 하지만 개헌을 이유로 보류했어.

국회는 헌법 개정 작업에 나섰어. 자유당은 당연히 끼지도 못했고, 민주당 주도로 진행될 수밖에 없었지. 특히 권력 구조를 바꿨어. '대통령제의 독재적 경향에 종지부'를 찍는다는 차원에서 의원내각제를 채택했어. 대통령직은 그대로 두되, 의례적·형식적 지위에 한정시키는 걸로 한 거야. 국무총리가 실질적 권한을 갖는 이원집정부제로 하고 대통령과 국무총리는 의회에서 선출하는 것으로 정했어.

이 헌법 개정안은 나름 민주 헌법이자 자유 헌법이라고 평가받았어. 국회에서의 표결도 찬성 208표, 반대 3표로 압도적인 찬성이었지. 발췌 개헌, 사사오입 개헌 등의 오명을 쓴 이전 두 번과 달리 3차 개헌은 헌정사 최초 합헌적인 절차를 통해 이루어졌어.

새 헌법이 마련되었으니 이제 부재중인 대통령과 국무총리를 빨리 뽑아야 했어. 과도 정부를 얼른 끝내야만 했거든. 그러려면 대통령과 국무총리를 선출하는 국회를 먼저 구성해야 했어.

그리하여 7월 29일에 실시된 참의원과 민의원 선거에서는 민주당이 압승을 거두었어. 그런데 민주당은 당혹스러웠어. 출마만 하면 대통령이나 국무총리에 당선될 테니, 신파와 구파의 신경전이 날카로울 수밖에 없었던 거야.

민주당은 1955년 사사오입 개헌을 계기로 반이승만 세력이 모여 창당한 정당이야. 당내 세력 분포에 따라 구파와 신파로 나뉘었어. 구파는 한국민주당과 민주국민당 출신들의 민족지도자급 세력이고, 신파는 흥사단과 자유당 탈당파 중심의 비주류 소장 세력이지. 신·구파 간 치열한 논쟁이 있을 수밖에 없었고, 결국 대통령은 구파 윤보선, 국무총리는 신파 장면으로 결정했어. 이들은 의회에서 당연히 당선되어 명실상부한 정권 교체를 이루지. 이렇게 대한민국 제2공화국의 닻을 올렸어.

불안한 장면 정부

당시 사람들은 민주당 정부를 '장면 내각'이라고 불렀어. 앞에서는 대통령 이름을 붙여 이승만 정부라고 했었잖아. 그런데 왜 국무총리 이름을 붙였을까? 제2공화국은 일종의 내각책임제야. 대통령은 형식적 지위에 머물고, 대신 국무총리가 실질적 국정 책임자이거든.

한국 현대사에서 처음 정권 교체를 이루며 집권한 제2공화국 민주당 정부에게는 해결하기 어려운 숙제가 많았어. 이승만 정부의 장기 집권이 낳은 적폐를 해결해야 했고, 새 정부에 거는 국민의 기대도 부응해야 했지. 과연 민주당 정부는 '개혁'과 '국민 기대 부응'이라는 두 마리 토끼를 잡을 수 있었을까.

장면 내각은 출발부터 삐걱거렸어. 민주당 내 신파와 구파의 갈등 때문이었지. 그런데 장면 총리가 자신이 몸담은 신파 중심으로 내각을 꾸린 거야. 구파의 반발은 불 보듯 뻔했지. 구파의 항의에 장면 총리는 5개 부처 장관 자리를 구파로 바꾸면서 불만을 잠재우려 했지만 이미 건널 수 없는 강을 건너고 있었어. 윤보선 대통령이 장면 총리에게 "구파에게 준 자리가 빈 탕이 아니냐"라고 했다는 비판을 보면 구파의 반발이 얼마나 거센지 알 수 있지. 구파는 결국 신민당을 창당해 민주당에서 나왔어.

민주당에서 나온 신민당은 대통령에게도 국군통수권이 일부 있다고 주장했어. 총리가 모든 책임을 지는 의원내각제임에도 문제를 삼은 거지. 신민당은 군통수권 중 군의 작전을 지휘하거나 통제하는 전술 명령 권한인 '군령권'은 대통령, 군대의 편성과 조직을 담당하는 행정 권한인 '군정권'은 총리가 갖게 하자는 안을 주장했어. 반면

민주당은 군통수권은 총리가 완전히 가져야 한다는 안을 내세웠어.
치열하게 맞붙었지만 결론을 내리기가 어려웠지.

그러면서 3·15 부정 선거 및 시위대 발포 책임자 등 반민주행위자
에 대한 처벌 문제가 수면 위로 올라왔어. 장면은 정치 보복이 일어
나서는 안 된다는 표면적인 이유를 대며 처벌에 대해 미온적인 반응
을 보였어. 결국 반민주행위자의 처벌은 정도에 따라 5년 혹은 7년
동안 공민권, 즉 국민으로서 국가의 정치에 관여할 수 있는 권리를
제한하는 것으로 마무리했어.

상황은 이러했지만 민중 혁명으로 탄생한 정부답게 개혁을 게을
리할 수는 없었어. 이승만 독재 정권에서 기본권조차 억압받았던 점
을 고려해 자유화에 집중했지. 당시 정치 활동 규제가 풀리면서 혁
신 세력들이 각종 단체를 만들었는데, 특히 노동조합 결성을 통한
노동운동이 활발하게 일어났어.

이 자유화의 바람은 남북문제에도 도움이 됐어. '평화통일론'이나

'남북협상론' 같은 담론들이 쏟아졌지. 반공주의에 기반을 둔 자유당 정권에서는 꿈도 꾸지 못했던 일이야. 이 바람은 1961년 5월 13일 '민주 자유 통일'이라는 이름을 가진 학생단체가 '남북 학생 회담'을 제안하는 계기가 되었어.

그러면서 장면 내각은 경제에 집중하려 했어. 제2차 세계대전 패전국 독일의 경제제일주의인 '라인강의 기적'에서 모티브를 따와 '한강의 기적'이라는 슬로건을 내세웠지. 특히 4·19 혁명으로 실행조차 해보지 못한 이승만 정부의 경제 개발 3개년 계획을 계승해서 '경제 개발 5개년 계획'을 준비했어. 미국의 농산물 원조가 끊길 것에 대비하는 특단의 조치가 필요했거든. 경공업과 농업 생산량 증가와 사회문제가 된 고학력자 실업 문제를 해소하고 나아가 국토 개발도 한다는 목표를 담았어. 하지만 당시에 구체적인 계획까지 발표되진 못했어.

정변을 준비한 박정희

장면 내각이 경제에 집중할 무렵 한국 현대사에서 빠질 수 없는 인물인 박정희가 이종찬의 건의로 등장해. 이종찬은 허정 정부에서 국방부장관을 지낸 장군 출신으로, 부산 정치 파동 당시 이승만의 병력동원 요청을 거절하는 한편 3·15 부정 선거에 동조한 군인들을 처벌

군사 정변을 일으킨 박정희 소장

하는 등 군의 정치적 중립을 지키려 한 참군인이야. 그런 그가 장면 총리에게 박정희를 육군참모총장으로 임명하라고 건의했대.

박정희는 당시 육군본부 작전참모부 부장으로 계급은 소장이었어. 그는 교사를 하다가 일제의 만주국 육군군관학교를 졸업하고 군인이 되었어. 공산주의자였던 셋째 형 박상희가 사살당하자, 형 친구 이재복의 권유로 남로당에 들어가 남로당 프락치들의 군사 총책으로 활동해. 이게 문제가 되어 1948년 11월 11일 군대 내 공산주의자 색출 과정에서 체포되어 사형 선고를 받지. 하지만 박정희는 군대 내 남로당원 이름을 실토하면서 실형을 면하고, 강제 예편됐어. 그러다 박정희는 6·25 전쟁 당시 현역으로 다시 군에 들어와 요직을 두루 거치면서 승승장구하고 있었어.

당시 우리 사회는 '완전한 민주화'를 쟁취하기 위한 시위가 끊이질 않았어. 독재가 끝나고 완전한 봄을 쟁취하기 위해서였지. 그런데 정치인들은 허구한 날 싸웠고, 박정희 눈에는 이들이 곱게 보이지 않았던 거야. 그래서 자신이 나서서 나라를 구해야겠다고 생각한 거지.

한번은 박정희가 이종찬에게 그를 최고지도자로 모시고 군사 정변을 일으키겠다고 편지를 보냈대. 그런데 이종찬이 불같이 화를 냈지. 하지만 그는 편지 내용은 비밀로 해서 지켜주겠다며 '군의 정치 불개입' 논리로 거절했다고 해. 이런 일이 있고 나서 이종찬은 군사 정변을 막을 방법을 고민하다 박정희를 육군참모총장이라는 요직에 앉히면 되겠다고 생각한 거야.

박정희의 중용을 건의받은 장면 총리는 카터 맥그루더Carter B. Magruder 주한미군사령관과 의논했어. 그런데 한국 육군본부의 신원 조회 결과가 뜻밖이었어. 김형일 육본 참모차장이 "박정희는 좌익이다"라고 답변했던 거야. 이 무렵 박정희는 군사 정변을 일으키겠다는 말을 공공연하게 하고 다녔대. 오죽하면 육본에서 그를 좌천 또는 예편까지 고려하고 있었을까. 결국 박정희는 육본 작전참모부장에서 2군 부사령관으로 좌천되었어.

이런 상황 속에서 정군 운동이 일어났어. 1960년 5월 2일 박정희 군수사령관이 송요찬 육군참모총장에게 보낸 편지에서 촉발됐어. 박정희가 송요찬 총장더러 3·15 부정 선거에 대한 책임을 지고 물러나라고 한 거야. 그러면서 군내 친이승만계 상급 장교들을 퇴진시켜야 한다고 주장했어. 송요찬 육군참모총장은 남로당원 경력까지 들먹이며 박정희가 하극상을 벌였다고 강하게 비난했지만, 박정희는 눈썹 하나 까딱하지 않았어.

이 일을 계기로 박정희는 비밀 조직을 꾸렸어. 이후 5월 8일 박정희의 후배인 김종필 중령을 중심으로 김형욱과 길재호 등 육사 8기생 8명이 다른 군인들에게 동의 서명을 받으며 본격적인 정군 운동에 나섰지. 9월 10일에 이들은 강력한 정군 운동 추진을 요구하기 위해 국방부장관을 만나려 했으나 불발됐어. 그날 밤 이들은 서울 충무로의 요릿집 '충무장'에 모였어. 평화적인 정군 운동은 한계가 있으므로 특별한 방법, 즉 군사 정변이 불가피하다는 결론에 이른 거야. 지도자는 당연히 박정희였어. 그런데 당시 박정희를 비롯한 정치군인들이 군사 정변을 일으키려 한다는 소문이 파다했대. 이들도 공공연히 떠들고 다녀서 장면 총리도 소문을 모를 리 없었지. 하지만 막을 방법이 없었어.

본격적인 군사 정변

장면 총리는 이종찬의 건의가 있었음에도 장도영을 육군참모총장으로 발탁했어. 이종찬의 우려와 시중의 소문을 가볍게 생각한 거지.

이러는 가운데 항간에는 '4월 위기설'이 돌고 있었어. 국제협력단 한국지부 휴 팔리Hugh Farly가 본국에 보낸 보고서에서 장면 정부는 무능해서 4월을 넘기기 어렵다고 한 거야.

이 위기설이 박정희 측에는 기회가 되었고, 계획을 실행하기로 결심해. 이들은 함께 군사 정변을 일으킬 40여 명의 장교를 확보했지. 그리고 4월 6일 박정희와 함께 명동 양명빌딩에 모여 도원결의를 했어. 이제 이들은 날짜를 고르기만 하면 바로 군사 정변을 일으킬 수 있는 상황이었지. 그런데 며칠 있으면 4·19 혁명 1주년 기념일이었던 거야. 박정희는 이날 대대적인 시위가 있을 테고, 시위대 진압 명분으로 군인을 동원할 수 있겠다고 본 거지. 하지만 당시 큰 시위가 벌어지지 않아 박정희는 당황했대. 일설에는 장면 정부가 정보를 미리 입수해 학생들의 시위를 매수했다는 소문이 있지만, 믿을 수 있는 정보는 아니야.

그렇게 4·19 혁명 1주년 기념일이 조용히 지나가자 박정희 측은 정변 날짜를 5월 12일로 정했지만, 정보가 들통나서 정변을 일으킬 수 없었어. 다시 잡은 날이 5월 16일이었는데, 박정희 측의 정변에 관한 정보가 장면 국무총리와 현석호 국방부장관에게 들어갔대. 하지만 장도영 육군참모총장은 "박정희 소장은 그럴 위인이 못 된다"라고 하며 정보를 무시했지.

하지만 1961년 5월 16일 새벽 3시, 정변이 시작되었어. 박정희를 필두로 무장한 육사 출신 장교 250여 명과 사병 3500여 명이 한강

거리를 장악한 군인들

대교를 건넜어. 군인들은 정변 성공을 가늠하는 군부의 핵심인 육군 본부부터 장악했지. 정부가 있는 중앙청도 점령했고, 남산의 서울중앙방송국도 곧바로 접수했어. 특히 방송은 국민을 대상으로 선전전을 펼치기 위한 최적의 수단이었거든. 박정희 측은 거의 무혈로 무방비 상태였던 주요 기관들을 장악해 나갔어.

물론 이를 막아 보려고 한 흔적은 있었어. 장도영 총장의 전화로 이 사실을 통보받은 장면 총리는 미국 대사관에 진압을 요청하려 했지만 할 수 없었어. 밤이라 미국 대사관에 전화를 받을 직원이 없었거든. 그러자 장면 총리는 가르멜 수도원으로 숨었어. 여기서 그는 상황을 주시하며 외부와 연락했다고 해. 박정희는 국가수반이었던 장면을 찾아 나섰지.

미국 8군 사령관 맥그루더와 이한림 제1군사령관 등이 나서서 박정희를 진압하려 했으나 아무것도 할 수 없었어. 장도영 총장은 박정희에게 오히려 설득당해 정변을 일으킨 군인들을 진압하지 않았고, 상황은 박정희에게 점점 유리해지고 있었어.

정변을 일으킨 군인들은 정부를 접수해 통치할 조직으로 '군사 혁명 위원회'를 구성했어. 장도영을 의장으로 앉혔지만 그는 허수아비에 불과한 존재였고, 실권은 부의장인 박정희가 틀어쥐었어. 박정희 측은 쿠데타에 성공하자 새벽 5시 첫 방송으로 국민에게 지난밤에 있었던 '엄청난 사건'에 대해 밝혔어.

박정희가 내세운 혁명 공약

"은인자중하던 군부는 드디어 오늘 아침 미명을 기해 일제히 행동을 개시하여 국가의 행정, 입법, 사법의 삼권을 완전하게 장악하고 이어 군사 혁명 위원회를 조직했습니다."

6개 항의 '혁명 공약'도 발표했어. '반공'을 국시로 삼고, 유엔 헌장과 국제 협약을 충실히 이행하고, 부패와

구악을 일소하고, 절망과 기아선상의 민생고 해결과 자주 경제 재건에 나서고, 통일을 위한 공산주의와 대결할 실력을 배양하고, 과업이 성취되면 양심적인 정치인들에게 정권을 이양한다는 내용이었어.

이후 박정희를 만난 윤보선 대통령이 "올 것이 왔다"라며 체념하는 태도를 보여 구설에 오르기도 했어. 혼란한 상황을 빗댄 혼잣말이라고 해도 이 말은 결국 정변을 인정한 발언이 되었거든.

5월 20일 '군사 혁명 위원회'가 '국가 재건 최고 회의'로 개편됐어. 행정부 역할을 하는 기구가 된 거야. 그리고 장도영을 헌법에 없는 대통령 성격의 '내각 수반'으로 임명했지만, 박정희가 실권자였어. 그렇게 박정희는 헌법을 휴지 조각으로 만들면서 정변에 마침표를 찍었어.

박정희, 대통령이 되다

이미 상황이 마무리 단계에 접어들며 파장이나 다름없던 5월 18일, 사흘 만에 모습을 드러낸 장면 총리가 국무회의를 열어 내각 총사퇴를 발표했어. 이는 정변을 일으킨 군인들이 화룡점정을 찍으며 마지막 통과의례를 넘도록 한 셈이지.

만주 군관 학교를 거쳐 일본 육사를 졸업하고 일본군 장교가 됐던 '다카키 마사오高木正雄', 그는 다시 '박정희'가 되어 대한민국의 정권을 잡았어. '좌익'과 '친일'이라는 이중 콤플렉스를 가진 마흔네 살의 박정희는 서른다섯 살의 김종필, 스물일곱 살의 차지철 등 30, 40대 젊은 군인들과 함께 혁명 과업 수행에 나섰어.

6월 6일에는 '국가 비상조치법'이 공포됐어. 기능이 정지된 헌법을 대신한 초헌법적 법이야. '국가 재건 최고 회의'는 정부가 수립될 때까지 대한민국 최고 통치기관의 지위를 갖는다는 내용이었지. 박정희는 7월 3일 장도영을 해임하고는 아예 얼굴을 드러내고 최고 회의 의장이 됐어. 곧바로 김종필을 시켜 중앙정보부를 조직했지. 중앙정보부는 초헌법적 지위를 누리며 갖가지 폭압 통치의 전위대 구실을 하게 돼.

박정희 의장은 겉으로 4·19 혁명의 정신을 잇는다며 민심을 다독였어. 하지만 말로만 이야기할 뿐, 곧바로 '반혁명사건'을 저질러. 박정희 의장에게는 혁명인 5·16 군사 정변을 방해한 자들을 처단한 사건인데, 허수아비였던 장도영부터 버렸어. 이제 혁명은 끝났으니 필요가 없다는 거야. 그리고 민주당 계열 정치인들이 '이주당'이라는 당을 만들어 반혁명 음모를 꾸몄다며 장면 총리와 민주당 인사들을 체포해.

그리고 8월 12일, 박정희 의장은 1963년 여름에 민간에게 정부를 이양하겠다는 로드맵을 발표해. 구체적인 '민정 이양' 날짜를 제시하며 욕심이 없는 척을 하며 정치인들의 손발을 묶었어. 자신들의 권력 쟁취를 위한 걸림돌을 제거한 거야.

박정희 대통령 취임식

　이후 박정희 의장은 헌법을 개정했어. 헌법 개정안의 주요 핵심은 대통령제를 채택하되, 부통령은 없애고, 무소속 출마는 불가능하다는 것이었지. 국회의원 선거에서 비례대표제를 도입한 것도 특징이야. 다만 그 산정 방식이 기상천외했어. 받은 득표수에 따른 배정이 아니라 제1당이 과반 득표가 안 되면 절반, 과반 득표가 되면 3분의 2를 배정하도록 했거든. 누가 보더라도 속 보이는 방식이야. 군부가 모든 자리를 독식하겠다는 발상이었지.

　1962년 12월 17일, 이 헌법 개정안에 대한 국민투표가 실시됐어. 78.8퍼센트의 입도적인 찬성으로 헌법 개정안은 통과되었고, 이제 남은 일은 새로 바뀐 헌법에 따라 대통령과 국회의원 선거를 실시해 합법적으로 정통성 있는 권력을 확보하는 일이었어.

대통령 선거는 이듬해인 1963년 10월 15일에 실시됐어. 정변 세력이 창당한 민주공화당의 박정희와 민정당의 윤보선 후보가 양강 구도로 맞붙었지. 결과는 박정희의 승리였고, 두 후보 간의 표 차는 15만 6026표였어.

박정희가 12월 17일 제5대 대통령으로 취임하면서 제3공화국이 출범했어. 4·19 혁명으로 왔던 제2공화국의 봄이 결국 정변을 일으킨 군인들의 군홧발에 짓밟혀 다시 '겨울'로 역행한 거야. 무늬만 민정일 뿐, 군부 통치였기 때문이야.

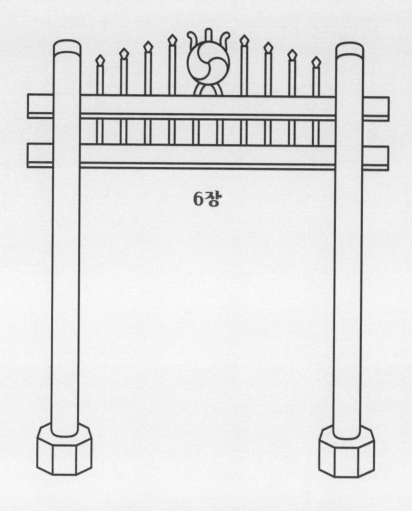

6장

한강의 기적은
정말 기적이었을까

경제 발전의 시작

제3공화국의 정치를 얘기하려면 '한일 협정'부터 알아야 해. 지금까지도 뜨거운 감자이지만, 박정희가 국가 재건 최고 회의에서 의장을 맡았던 시절부터 매달렸던 문제였거든. 박정희 의장은 군사 정변을 탐탁지 않게 여기던 미국과 불편한 관계를 풀려고 미국에 가려고 했어. 그때 존 F. 케네디John F. Kennedy 미국 대통령이 일본부터 방문하라는 거야. 소련과 중국을 견제하기 위한 친미 성향의 동북아시아 요충지가 필요했던 미국으로서는 한국과 일본이 잘 지내야 한·미·일 방위체제를 성립할 수 있다고 본 거지.

1962년 11월 11일 박정희 의장은 미국에 가는 길에 일본부터 들렀어. 이케다 하야토池田勇人 수상과 만나 한일 관계를 개선하기 위한 의견을 나눴지. 그리고 13일 오후에 미국에 도착해. 박정희 의장은 케네디 대통령에게 군사 정변의 불가피성을 설명하는 한편 민정 이양 계획 실천도 다짐했어. 이에 케네디는 한미 방위 조약에 따른 한국 방위와 경제 개발 5개년 계획에 대한 지원을 약속했지.

이렇게 해서 한일 협정에 대한 논의가 시작됐어. 하지만 이 협정은 일본의 잔머리 꼼수가 있어서 예전부터 여러 차례 결렬되었어. 박정희 말고도 1951년에 협상한 바 있었는데, 일본은 되레 한국 내 일본인 재산에 대해 보상하라는 '역청구권'으로 선수치고, 식민 지배가 한국에 유리했다는 망언도 했었어.

협상 전권을 위임받은 한국 측 김종필 중앙정보부장과 오히라 마사요시大平正芳 일본 외상이 비밀리에 접촉했어. 특히 박정희는 쿠데타에 대한 국민의 부정적 시각을 돌리기 위해 먹고사는 문제에 관심을 두었던 터라 막대한 자금이 필요했거든. 그래서 1962년 11월 12일 소위 '김종필-오히라 메모'로 알려진 합의안이 나왔어. 무상 3억 달러, 유상 2억 달러, 민간차관 1억 달러, 모두 6억 달러를 지원받기로 했어. 이때 독도 문제도 거론됐는데, 김종필이 "독도에서 금이 나오는 것도 아니고 갈매기 똥도 없으니 폭파해 버리자"라는 충격적인 말을 남겼다지.

급하게 이뤄진 합의로 결국 1964년 6월 3일에 '6·3 항쟁'이 일어나. 한일 협정 반대 투쟁이 심해지자 박정희 정부는 비상 계엄을 선포하고, 학생과 정치인, 언론인 등 1120명을 검거했어. 이때 활약한

전국의 주요 도시에서 8만여 명이 참여한 6·3 항쟁

많은 인사들이 삼김 시대 정치 전면에 등장해 한국 현대사 무대를
종횡으로 누볐어.

'베트남 파병'도 박정희 정권을 설명하는 중요한 키워드야. 미국은
두 번에 걸친 세계대전, 일본은 6·25 전쟁, 한국은 베트남 전쟁 때문
에 잘살게 됐다는 우스갯소리가 있을 만큼 베트남 파병은 한국 경
제에 큰 영향을 미쳤어.

여의도 비행장에서
열린 맹호부대 파
월 환송식

　베트남 전쟁은 프랑스군이 베트남에서 철수하면서 북위 17도를
경계선으로 나뉜 북베트남의 공산주의와 남베트남의 자유주의가 벌
인 내전이야. 미국의 개입은 1964년 8월 2일 북베트남 통킹만에서
미국 해군 구축함 매독스호가 공격받으면서였지. 인도차이나반도
공산화 우려가 컸던 차에 미국이 참여할 계기가 생긴 거야.

　한국의 파병은 박정희가 미국의 환심을 사고 동시에 국가의 군사
적, 경제적 이득을 얻기 위해 먼저 미국에 제안해서 이루어지게 되
었어. 미국은 처음에 거절했지만, 케네디 대통령이 암살당하고 대통
령직을 승계한 린든 존슨Lyndon Johnson이 '더 많은 깃발 정책more flags
campaign'을 표방하면서 참여를 요청해 왔지. 야당의 반대가 있었지
만, 주한미군을 빼내 베트남으로 보내겠다는 미국의 협박 앞에 반대
는 약해졌고 급기야 파병할 수밖에 없었어.

　한국군은 1964년 9월 11일 베트남에 첫발을 내디딘 이래 전쟁이
휴전되는 1973년까지 8년간 총 31만 2835명의 군인을 파견했어. 미

국 다음으로 많은 병력이었지. 파병 장병의 해외 근무 수당으로 2억 3556만 달러를 벌어들이는 등 경제적 이익이 컸어. 박정희 대통령은 이 돈을 경제 발전의 종잣돈으로 삼았어.

국민이 만든 한강의 기적

사람들은 박정희 대통령에 대해 평가할 때 다른 건 몰라도 먹고살게는 해주었다는 데 큰 이견을 달지 않아. 아마도 '경제 개발 5개년 계획'을 실천해서 우리 경제를 나름 성장시켰기 때문이겠지. 이번에는 박정희를 평가할 때 꼭 따라붙는 수식어 '한강의 기적'에 대해 알아보자.

박정희 대통령이 정권을 잡았을 무렵 "절망과 기아선상에서 허덕이는 민생고를 해결"하는 것이 '혁명 공약'이 될 만큼 우리의 경제 상황이 어려웠어. 돈 되는 거라면 뭐든 해야 했거든. 그래서 한일 협정 체결, 베트남 파병에 이어 독일에 간호사와 광부까지 파견해 외화를 벌어들였지.

박정희 정부가 '민생고 해결'에 사활을 걸며 시도했던 것이 '경제 개발 5개년 계획'이야. 경제 발전은 모든 역량을 쏟아부어야 하는 국가적 과제이지만, 박정희 정부의 경제 개발 5개년 계획이 박정희 정부의 순수한 기획은 아니었어. 이승만과 장면 정부도 모두 경제 개

독일에 파견된 광부와 간호사

발 계획안을 만들었거든. 박정희 대통령과 이들의 차이는 계획을 실
행했느냐, 하지 못했느냐일 뿐이야.

　박정희 정부의 경제 개발 5개년 계획은 장면 정부의 계획안에서
수치만 바꿀 정도로 그대로 가져왔다고 해. 이 계획은 애초 1차 산
업 중심의 제조업을 발전시키는 한편 수출 증대로 외화를 조달하고

경제 개발 5개년 계획 제1차 회의. 당시 목표는 산업 구조를 근대화하고, 자립 경제를 확립하는 것이었다.

국가 주도의 중공업을 발전시키겠다는 전략이었어. 하지만 1962년 1월 13일의 실제 발표에서는 '수출주도형 공업화'로 노선이 수정됐지.

1962년부터 1966년까지 실시된 제1차 경제 개발 5개년 계획은 '자립 경제 달성을 위한 기반 구축'을 목표로 정했어. 이를 위해 기간 산업을 확충하고 경공업을 발전시키며 수출을 많이 했지. 경제 개발 5개년 계획은 곧바로 효과가 나타났어. 이 시기의 경제성장률은 목표였던 7.8퍼센트를 넘었고, 1인당 국민총생산GNP도 83달러에서 126달러로 증가했거든.

미국과 서독의 전문가에게 도움을 받아 만든 1967년부터 1971년

까시의 제2차 경제 개발 5개년 계획은 산업 구조를 경공업에서 중공업으로 변화하고, 자립경제 확립을 촉진한다는 기본 목표를 세웠어. 이를 위해 식량 자급화와 화학·철강·기계공업 건설로 산업을 고도화하기로 했으며 수출 목표를 10억 달러로 정했어.

박정희 정부는 수출에 목숨을 걸다시피 하며 제2차 경제 개발 5개년 계획을 실행하는 것에 매진했어. 자유무역 확대 추세의 세계 경제에 부응하기 위해 '관세 및 무역에 관한 일반협정GATT'에 가입하고, 이 GATT 체제 아래에서 관세율을 낮추기 위한 무역 협상인 '케네디 라운드Kennedy Round'에 참여하며 개방화에도 나섰지. 그 결과 수출은 연평균 38퍼센트 늘어났고, 1971년 수출 11억 3000만 달러를 기록하며 목표인 '10억 달러'를 달성해.

경제 개발 5개년 계획을 실천할 당시 가장 큰 성과는 '경부고속도로' 건설이야. 1964년 독일을 방문한 박정희 대통령은 독일의 고속도로 아우토반을 달렸어. 고속도로의 놀라운 운송 능력을 보고는 한국에도 고속도로를 닦겠다고 결심했지. 한국에 돌아온 박정희 대통령은 제2차 경제 개발 5개년 계획을 수정해서 '대국토 건설 계획'을 세웠어. 그게 바로 1967년 대선 공약으로 나온 경부고속도로 건설이야. 하지만 많은 사람이 고속도로 건설은 현실적으로 어려운 데다가 경제적이지도 않다며 반대했어. 특히 노선에서 호남이 제외되어 '호남 푸대접론'까지 일었지. 하지만 박정희 대통령은 특유의 저돌성으로 밀어붙여서 1970년 7월 7일에 경부고속도로를 완공해. 경

1970년 7월 7일 개통된 경부고속도로

부고속도로의 완공은 국토를 종으로 꿰뚫어 전국을 반나절 생활권이 되게 한 상징적인 사건이 되었어.

포항제철 건설도 빼놓을 수 없어. 대일 청구권 자금으로 1970년부터 추진한 제철소 건설도 채산성이 없다는 세계은행의 평가처럼 무모한 시도라며 반대가 극심했어. 그런데도 박정희 대통령은 기초 산업에서 철강의 중요성을 생각해서 밀어붙였던 거야. 1973년 6월 9일, 포항제철은 드디어 용광로에서 첫 쇳물을 생산했어.

경제 발전의 시련들

제1차, 제2차 경제 발전 5개년 계획이 성공하면서 박정희 정부는 곧바로 제3차 경제 발전 5개년 계획을 세워. 기본 기조를 '자립경제'로 내세우며 시장의 기능을 중시하고 민간 부문 활동을 촉진하는 정책을 세웠지. 제3차 경제 발전 5개년 계획은 '성장, 안정, 균형의 조화'를 강조했어. 그리고 부문 간의 균형을 위해 수출을 더 늘리고 중화학공업을 육성하기로 했어. 경제성장률은 제2차 경제 발전 5개년 계획의 연평균 달성률 11.6퍼센트보다 더 낮은 8.6퍼센트로 정했지.

하지만 승승장구하던 한국 경제에 1971년 '닉슨 쇼크'라는 문제가 생겼어. 미국 닉슨 대통령이 높은 인플레이션과 무역 적자를 해결한다면서 '브레튼우즈 체제Bretton Woods system'을 폐지하기로 한 거야. 브레튼우즈 체제는 미국 달러를 기축통화로 삼아 31.1그램인 금 1온스를 35 미국 달러로 고정하는 금본위제야. 달러의 가치가 떨어지면서 수출 주도의 우리 경제도 휘청거렸어.

게다가 1973년 제1차 '오일쇼크'도 우리 경제의 악재였어. 오일쇼크는 1973년에 이집트와 시리아가 주축인 아랍 연합국이 중동에서 벌인 전쟁에서 시작된 경제 위기야. 이스라엘이 점령하고 있는 시나이반도와 골란고원을 공격하면서 전쟁이 시작됐어. 이때 아랍 산유국들이 석유를 무기화해서 생산량을 줄였고, 생산량이 줄자 석유의 가격이 4배나 오른 거야. 이때 세계 경제가 전체적으로 위기였고, 석유 한 방울 나지 않는 한국은 엄청난 위기였지. 이런 상황에서 박정희 정부는 기존 경제 개발 5개년 계획을 '국민 생활의 안정과 적정 성장 추구'로 일부 수정하기도 했어.

이 위기는 외국 자본을 도입하고 수출을 많이 하면서 나아졌어.

제1차 오일쇼크의 원인인 욤키푸르 전쟁

1976년부터 중동 건설 붐이 불면서 위기에서 완전히 벗어날 수 있었어. 석윳값 폭등으로 자본이 많아진 아랍 국가들이 앞다투어 도로나 항만 같은 사회 간접자본 건설 투자에 나섰던 거야. 1973년부터 우리나라는 본격적으로 중동에 노동자를 보내면서 사실상 중동 건설 시장을 압도했어. 이 중동 건설 붐은 1980년대까지 이어지면서 한국 경제 발전의 견인차 역할을 톡톡히 해냈지.

1977년부터 1981년까지의 제4차 경제 발전 5개년 계획은 이전 경제 발전 5개년 계획을 계속 이어가면서 수출과 공업화 노선을 강화했어. 성장과 안정을 모두 꾀하려고 했지만, 1979년 제2차 오일쇼크 때문에 그러지 못했어. 제2차 오일쇼크는 1979년 '이란 혁명'이 일어나면서 석유 공급량은 줄고 가격이 올라 발생한 위기였어. 이란 혁명은 1979년 이슬람주의자들이 전통적인 팔레비 왕조를 무너뜨리고 새 정부를 세운 혁명이야. 이러한 상황에서 그해 박정희 대통령이 사망하며 국내 경제도 큰 타격을 입었어. 경제 개발 5개년 계획의 실천자가 죽었으니 동력이 줄어들 수밖에 없었던 거야.

그런데도 경제 개발 5개년 계획은 1996년까지 모두 7차에 걸쳐 실행되었어. 1981년까지 이어진 제4차 경제 개발 5개년 계획을 실행하던 당시 오일쇼크에 이어 5·18 광주 민주화 운동까지 일어나면서 경제성장률은 마이너스 성장이 되었어. 1982년부터 1986년까지 이어진 제5차 경제 개발 5개년 계획은 소중히 여기던 성장 대신 안정과 능률 그리고 균형을 중요하게 다루었어. 한국 경제의 고질적 병폐였던 물가를 안정시켰고, 1986년부터 저유가·저금리·저달러의 3저 현상으로 호황을 구가하기도 했어. 1987년부터 1991년까지의 제6차 경제 개발 5개년 계획은 '능률과 형평을 토대로 한 경제선진화와 국민복지의 증진'을 기본 목표로 설정했고, 1992년부터 1996년까지의 제7차 경제 개발 5개년 계획은 '경영혁신·근로정신·시민윤리 확립을 통해 21세기 경제 사회의 선진화와 민족 통일을 지향'한다는 기본 목표를 세우고 추진되었어.

노동자를 위한 투쟁

한국 현대사에 한 획을 그은 경제 발전에는 긍정적인 부분만큼 부정적인 사건이 많았어. 당시 일어난 아주 비극적인 사건이 있었는데, 바로 '전태일 분신 항거'야. 박정희 정권 시기에 손꼽히는 대표적인 사건이지.

"근로기준법을 준수하라! 우리는 기계가 아니다! 일요일은 쉬게 하라! 노동자들을 혹사하지 말라! 내 죽음을 헛되이 하지 말라!"

1970년 11월 13일, 스물두 살의 청년 노동자 전태일이 석유와 휘발유를 끼얹은 자신의 몸에 불을 지르며 세상을 향해 던진 외침이야. 그의 이 처절한 절규는 함성이 되어 사회적으로 큰 반향을 일으켰고, 지금도 노동자들에게 큰 정신적 영향을 주고 있어.

전태일은 대구에서 가난한 노동자의 맏이로 태어났어. 재봉사였던 아버지의 사업 실패로 학교를 중퇴한 전태일은 가족의 생계를 위해 신문이나 삼발이를 팔았어. 그러다 청계천 평화시장의 한 봉제 공장에 보조로 취직했지.

여기서 전태일은 도무지 이해할 수 없는 현실을 마주하게 돼. 14시간 노동을 견디던 한 여성 노동자가 직업병인 폐렴에 걸렸는데 치료는커녕 해고되는 걸 본 거야. 그는 해고된 여성 노동자를 도왔지만 비상식을 상식으로 바꾸지는 못했어. 여기서 질망을 본 진태일은 회사를 옮겼어. 그렇지만 노동환경은 나아지기보다 되레 악화됐어. 오죽하면 일기에 이렇게 적었을까.

> "아침 8시부터 저녁 11시까지 하루 15시간을 칼질과 다리미질을 하며 지내야 하는 괴로움, 허리가 결리고 손바닥이 부르터 피가 나고, 손목과 다리가 조금도 쉬지 않고 아프니 정말 죽고 싶다."

이런 고통 속에서 전태일은 우연히 근로기준법을 알게 돼. 전태일은 이 법에 있는 최소한의 근로 조건조차 지켜지지 않는 현실에 분노하지. 그래서 1969년 6월 평화시장 최초의 노동운동 조직인 '바보회'를 조직했어. 하지만 업주들의 갖은 방해로 그의 노동운동이 쉽지 않았지. 전태일은 포기하지 않고 '바보회'를 발전시켜 '삼동친목회'를 결성하고 더 열심히 노동자의 권익을 찾으려고 노력했어.

전태일과 삼동친목회는 사회적 메시지를 강하게 줄 수 있는 상징적인 이벤트를 준비했어. 노동자 인권을 보호하지 못하는 근로기준법은 의미 없다는 취지에서 '근로기준법 화형식'을 갖기로 한 거야. 전태일은 이때 "이번만은 어떤 희생을 치르더라도 결단코 물러서지 말고 싸우자"라고 다짐했대.

11월 13일, 평화시장 일대는 이미 정보를 입수한 경찰들이 삼엄하게 진을 치고 있었어. 그런데도 삼동친목회는 평화시장 앞에서 노동

영화 〈아름다운 청년, 전태일〉 스틸 컷

환경 개선을 요구하는 시위를 시작했어. 하지만 업주와 경찰들이 현수막을 빼앗는 등 방해해서 시위를 제대로 하지 못했대. 이에 깊은 절망을 느낀 전태일은 공장으로 돌아가지 않았지. 그리고 낮 1시 30분경 전태일은 석유와 휘발유를 끼얹은 몸에 라이터를 켰어. 약 3분가량 전태일의 몸이 불탔대. 근처 사람들은 뜻밖의 상황에 당황해 불을 끌 엄두조차 내지 못했어. 전태일은 병원으로 이송되었으나 제대로 치료받지 못하고 숨을 거두지. 그는 이런 유언을 남겼어.

"어머니, 내가 못다 이룬 일 어머니가 이루어 주세요."

아들의 영정을 안은 전태일 열사 어머니

이 유언대로 전태일의 어머니 이소선 여사는 모든 걸 다 바쳐 노동운동 지원에 헌신하다 2011년 아들 곁으로 갔어. 사람들은 그에게 '노동자들의 어머니'라는 상징적 훈장을 달아 주었어.

새마을운동, 잘살아 보세!

박정희 정권의 대표적인 성과라면 새마을운동도 빼놓을 수 없지. 새마을운동은 2013년 《난중일기》와 함께 유네스코 세계기록유산으로 등재됐거든. 물론 유네스코 세계기록유산이라고 해서 무조건 알아야 하느냐와는 별개로 한국 현대사의 한 페이지를 화려하게 장식한 역사여서 남다른 의미가 있어.

새마을운동은 지금도 현재진행형이야. 거리 곳곳에서 펄럭이는

'새마을기'를 심심치 않게 볼 수 있고, 마을마다 그 조직이 나름대로 남아 있어. 아프리가 같은 개발도상국에도 새마을운동을 전파했다고 해.

새마을운동 중앙회 홈페이지에는 새마을운동을 "정신적 풍요와 정신적 윤택을 추구하는 '더불어 살아가는 공동체 운동'"이라고 정의했어. 기본 정신은 '근면·자조·협동'이야. 근면은 '부지런함과 성실한 자세' 자조는 '자신의 역할에 최선을 다하며 스스로 힘으로 해결해 나가는 것' 협동은 '상호 신뢰를 바탕으로 단결과 화합을 도모'하는 것이지. 한마디로 정의하면 '잘살기 운동'인 거야.

바로 이 '잘살기' 위함이 새마을운동을 상징하는 이념이야. 출발은 1970년 4월 22일 박정희 대통령이 지방장관회의 순시에서 내렸던 지시가 계기였어. 박정희 대통령은 이날 "농민·관계기관·지도자 간의 협조를 전제로 한, 농촌 자주 노력의 진작 방안을 연구하라"라고 하면서 이렇게 말했대.

"우리 스스로가 우리 마을은 우리 손으로 가꾸어 나간다는 자조 자립정신을 불러일으켜 땀 흘려 일한다면 모든 마을이 머지않아 잘살고 아담한 마을로 그 모습이 바뀌리라 확신한다. 이 운동을 '새마을 가꾸기 운동'이라 해도 좋을 것이다."

이런 말이나 에피소드 때문에 한때 '새마을운동 발상지' 논쟁이 붙

한국의 경제 발전에 이바지한 새마을운동

기도 했어. 1969년 박정희 대통령이 전용 열차를 타고 가다 기차를 세우고 둘러봤다는 경북 청도 신도 마을과 경북 영일(현 포항시) 문성동이 서로 발상지라고 주장했어. 이들의 논쟁은 급기야 법적 논쟁으로 이어지기도 했지.

철권통치자인 박정희 대통령의 지시에서 시작된 새마을운동은 모든 행정에서 우선이었어. 그리고 1972년 1월 각 지역에서 선발된

140명이 경기도 고양의 농협대학에서 새마을지도자 교육을 받았어. 이들이 전국의 마을에서 새마을운동을 실질적으로 이끌었지.

새마을운동은 잘사는 농촌 만들기에 나름 큰 역할을 했어. 초가 지붕을 함석이나 슬레이트 지붕으로 개량하고, 다리 놓기나 길 닦기 같은 마을 가꾸기 사업을 활발하게 전개했지. 불편하고 지저분한 마을이 깨끗하게 새 단장을 했어.

새마을운동은 또 온 국민을 '하면 된다'는 정신으로 무장하려는 의식 개혁 운동이기도 했어. 물론 이런 일련의 관이 주도하는 운동이 자칫 형식과 성과에만 치중한다는 약점이 있긴 하지만 낙후된 우리의 농어촌을 탈바꿈하는 데는 크게 기여했어.

하지만 나중에 전두환이 정권을 잡으면서 새마을운동은 새로운 국면을 맞아. 그의 동생 전경환이 새마을운동 중앙회 회장에 오르면서 온갖 비리의 온상이 되었기 때문이야.

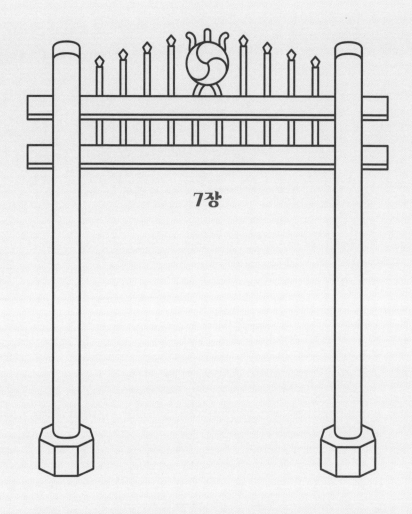

7장

남한과 북한은
싸우기만 했을까

싸늘한 남북 관계

한국 현대사에서 '분단'에 관한 얘기가 빠질 수 없어. 분단은 남과 북의 대결 구도를 만들었고, 결국 휴전이라는 전쟁이 끝나지 않은 상태를 만들었잖아. 그래서 해방 이후의 정권은 정치나 경제만큼 남 북문제에도 신경을 써야만 했어.

박정희 정부도 이승만 정부처럼 반공을 국가의 이념으로 삼았어. 다만 박정희 정부는 이승만 전 대통령의 '북진통일론'과 달리 '선개 발 후통일'의 입장이었어. 개발을 먼저 해서 국력을 키우고 통일한다 는 거야. 북한과 체제 경쟁에서 경제력을 먼저 확보한다면 통일의 주 도권을 잡을 수 있고, 그 주도권은 한국의 자유주의에 입각한 통일 을 할 수 있다는 논리지.

그런데 1968년 대한민국의 심장부를 향한 북한의 도발이 일어났어. 새해 벽두인 1월 21일 한밤중, 서울 세검정 부근에서 총격전이 벌어진 거야. 청와대에서 불과 500미터 떨어진 곳이지. 알고 보니, 청와대를 습격하러 북한에서 내려온 31명의 무장간첩과 우리 군인과 경찰 사이에서 일어난 총격전이었어. 무장간첩 중 29명이 사살되고, 1명은 북으로 도망쳤어. 나머지 1명은 산 채로 붙잡았는데, 그가 인터뷰에서 "박정희의 모가지를 따러 왔다"라고 해서 국민의 등골을 오싹하게 했지. 그는 지금 한국에서 살고 있는 목사 김신조야.

이 사건의 파장은 한국의 대북 경계심을 높여 주는 한편 군비를 증강하는 계기가 되었어. 제대 군인들을 중심으로 하는 '향토 예비군'이 창설되고, 고등학교와 대학교에서 교련(군사) 교육을 실시했어. 또 영화 〈실미도〉로 세상에 알려진, 보복 차원에서 북한에 침투해서 김일성을 암살하려는 684부대가 창설되기도 했대.

그런데 이틀 후인 1월 23일엔 북한 원산 앞바다 공해상에서 미국 해군 정보수집함 푸에블로Pueblo호가 북한에게 납치되었어. 첩보 수집 임무를 수행하는 푸에블로호가 북한 초계정의 정지 요구를 무시했고 영해를 침범했다는 것이 이유였어. 결국 원산항으로 끌려갔지. 이런 가운데 북베트남의 구정 공세가 시작되었어. 아시아에서 두 개의 전쟁을 할 수 없다는 현실론에 따라 미국은 몰래 협상해서 푸에블로호의 침범을 시인하는 선으로 매듭지었어.

북한은 그해 10월 '울진·삼척 무장 공비 침투 사건'을 일으키며

북한에 납치된 푸에블로호

또 도발했어. 10월 30일 무장 공비 2개 조 30명, 11월 1일 2개 조 30명, 11월 2일 4개 조 60명이 울진과 삼척 해안의 경계망을 뚫고 육지로 침투한 거야.

무장 간첩들은 한국의 각종 정보를 수집하고 민간인을 포섭해서 민중 봉기를 일으키려고 침투했대. 대한민국의 박정희 정부를 전복하겠다는 의도를 노골적으로 드러낸 것이지. 이 사건에서 "남조선이 좋으냐, 북조선이 좋으냐"라는 간첩의 질문에 "나는 공산당이 싫어요"라고 대답했던 초등학생 이승복이 무참하게 목숨을 잃어. 진짜로 이 말을 했느냐, 안 했느냐를 놓고 논란이 일기도 했지. 이 사건이 마무리된 건 두 달 후인 12월 28일이야. 침투한 무장간첩 120명 중

이승복 상

113명을 사살하고 7명을 생포했어. 우리도 군인, 경찰, 일반인 등 20여 명이 목숨을 잃었지. 이런 북한의 전방위적 도발에 남북 간의 그 어떤 소통도 불가능해 보였어.

한반도를 떠난 미군

한반도에서 남과 북이 대결하는 동안 국제 정세 또한 긴박하게 돌아갔어. 특히 미국이 1969년 7월 25일에 발표한 '닉슨 독트린Nixon Doctrine'은 한국에 상당한 영향을 끼쳤어. 닉슨 독트린은 당시 미국 대통령 리처드 닉슨Richard Milhous Nixon이 발표한 외교 정책인데, 베트남 전쟁으로 극심한 피해를 입은 미국이 아시아를 겨냥해서 세운 외교 전략이야. 아시아 각 나라 당사자들이 각자의 힘으로 전쟁에 저항·저지해야 된다는 입장을 선언한 정책이었어. 과거 미국이 고수한 아시아 방위 개념을 전폭 수정한 거야. 닉슨 독트린의 핵심은 베트남 전쟁의 주체가 베트남이 되어야 하듯, 한국 안보의 주체도 한국이 주도해야 한다는 것이었어.

겉보기에는 당연한 것 같지만, 이 정책의 행간에는 엄청난 의미가 숨어 있었어. 한국 안보를 한국이 책임진다고 한다면, 미군이 한반도에 있을 필요가 없다는 말인 거야. 결국 한국에 있는 미군 6만 3000명 중 2만 명이 철수하게 되었고, 추가 철군까지 거론되었어.

당시 한국의 국방력은 북한보다 약했기 때문에 당황한 박정희 대통령은 미국 측에 미군을 감축해선 안 된다고 표명했어. 미국은 자국의 이익이 우선이었기에 반응을 보이지 않았지만, 박정희 대통령은 끈질긴 요구 끝에 협상할 기회를 얻었어. 결국 1970년 10월 23일에 합의안을 도출해 내지. 한국군과 미군의 병력을 같은 수로 편성하는 '한미 연합 사령부'를 창설하고, 그 예산의 일부를 한국 정부가 부담하기로 한 거야. 주한미군 철수 문제는 1977년 지미 카터Jimmy Carter 대통령 때 다시 거론되었지만, 비전투부대의 일부 철수 및 재배치는 진행하되, 전투 병력은 최소한의 철수로 합의했어.

한편 닉슨 대통령은 베트남 전쟁을 포기하면서 다른 사회주의 기반의 나라들과 긴장을 완화하는 '데탕트détente' 정책을 시도했어. 특히 미국은 중국과 핑퐁 외교를 통해 관계를 개선하려 했어. 핑퐁 외교는 탁구의 영어 표기 'ping-pong'에서 따온 명칭이야. 1971년 4월 6일 일본 나고야에서 열린 세계 탁구 선수권 대회에 참가했던 미국 선수들이 중국을 방문해 친선 경기를 가졌어. 중국 국무원 총리였던 저우언라이周恩來는 "작은 탁구공 하나가 지구라는 큰 공을 움직였다"라고 환영사에서 말했지. 이 경기는 미중 관계에 전환점을 만들었어.

이렇게 탁구로 물꼬가 터지자 1971년 7월 헨리 키신저Henry A. Kissinger 미국 국가안보 담당 보좌관이 몰래 베이징으로 가기도 했고, 1972년 2월 닉슨 대통령이 공식적으로 중국을 방문해 양국이 외교 정책인 '상하이 코뮈니케'를 발표했어. 그리고 1979년에 미국과 중국은 국교를 맺었어.

남북 화해의 실마리

변화무쌍한 정세 속에서 박정희 대통령은 다음 대통령 선거 때문에 골머리를 앓고 있었어. 문제의 핵심은 박정희 대통령은 두 번 연임했으니 다음 선거에 나갈 수 없다는 것이었지. 그런데 박정희 대통령은 3선을 하고 싶었어. 그래서 이승만 전 대통령이 한 것처럼 헌법을 몰래 개정하기로 결심한 거야. 야당이 강력히 반대했지만, 권력이 있는

김대중 후보의 장충단 연설에 모인 군중들

진영에서는 못할 일이 없었어.

1969년 9월 14일 새벽 2시 30분, 박정희 대통령은 개헌에 반대하는 야당을 놔두고 투표 장소를 국회 특별 회의실로 옮겼어. 그리고 여당계 의원 122명만 참여한 가운데 날치기로 개헌안과 국민 투표 법안을 통과시켰지. 이후 10월 17일 국민 투표에 붙여 77퍼센트의 압도적 찬성으로 개헌안을 확정했어. 이 개헌안을 대통령 3선을 허용하는 개헌이라 해서 '3선 개헌'이라고 불러. 이렇게 헌법을 바꾼 박정희는 1971년 4월 27일에 실시한 제7대 대통령 선거에 출마해 가까스로 당선됐어.

그런데 이 대선은 우리 현대사에 뚜렷한 각인을 남겼어. 박정희 대통령을 견제할 인물이 등장했기 때문이야. 신민당 전당대회에서 대통령 후보 경선에 나선 김영삼 후보는 '40대 기수론'을 내세우며 돌풍을 일으켰지만, 과반 득표에 실패했어. 결국 결선 투표에서 이철승의 지지를 받은 김대중 후보가 대통령 후보가 되었지. 김대중의 돌풍은 대단했어. 박정희 대통령의 등골이 오싹할 정도로 바싹 추격했거든. 김대중 후보의 장충단 연설은 100만 인파가 모여 전설을 만들었지만 박정희 대통령이 95만 표 차로 승리했어.

당시 우리 국민들은 3선 개헌 같은 꼼수를 보고 분노하며 전국 각지에서 민주화 투쟁을 벌였어. 앞에서 언급했던 전태일 분신 항거 같은 투쟁이었지. 그래서 박정희 대통령은 국민의 시선을 돌릴 무언가를 찾아야만 했어.

이에 1970년 8월 15일, 박정희 대통령은 광복 25주년 기념식장에서 '8·15 선언'을 발표해. '8·15 선언'은 북한이 전쟁 도발을 중지하면 인위적 장벽 제거를 위한 획기적 방안을 제시할 용의가 있고, 어느 체제가 국민을 더 잘살게 하는지를 입증하는 '개발과 건설과 창조의 경쟁'에 나설 것을 북한에 촉구하는 내용이었어.

손뼉도 마주쳐야 소리가 나듯, 북한의 김일성도 한국의 모든 정당과 협상할 용의가 있다고 답했어. 그리고 1971년 8월 12일 대한적십자사가 북한에 이산가족 상봉 회담을 제안해. 여러 차례 서울과 평양을 오가며 회의했지만 끝내 합의하진 못했어. 이후 1972년 5월에서 6월 사이에 회담 하나가 진행되었어. 이 회담에서는 밀사들이 활약했어. 밀사인 한국의 이후락 중앙정보부장은 평양으로 가서 북한

남북한 간의 교류와 협력의 기초를 마련한 7·4 남북 공동 성명

의 김영주 중앙조직부장과 회담했고, 이어서 그해 5월 29일부터 6월 1일 사이에 북한의 밀사 박성철 부수상이 극비리에 서울을 방문해 이후락 중앙정보부장과 만났어. 이러한 과정을 거쳐 만들어진 것이 '7·4 남북 공동 성명'이야.

7·4 남북 공동 성명은 '자주·평화·민족대단결'을 통일 원칙으로 삼되, 긴장 완화와 신뢰 분위기를 조성하기 위해 서로 비방하지 않으며, 무장 도발하지 않는다는 내용을 담고 있어. 그리고 남북 간 직통전화를 개설하고 남북 조절 위원회를 구성하기로 했지.

여기까지의 진행 상황을 보면 통일 대장정이 순조롭게 진행되는 것 같아서 많은 국민이 기대했어. 하지만 3선으로 만족하지 못한 박정희 대통령이 권력 노름에 빠졌고, 북한도 사회주의 헌법을 개정해

체제를 강화하면서 통일은 사상적 와해만 초래할 뿐이라는 인식이 커지면서 이 합의는 없던 일이 되고 말아.

박정희를 비껴간 총알

남북 관계가 어지러운 가운데 1974년 제29주년 8·15 광복절 기념식에서 큰 사건이 일어났어. 경축사를 하던 박정희 대통령을 향해 누가 총을 쏜 거야. 당시 기념식은 라디오와 텔레비전 방송으로 생중계되고 있어서 방송을 보는 모든 국민의 안방에도 총소리가 울려 퍼졌지. 박정희 대통령은 몸을 피했지만, 육영수 여사는 총알에 맞았고, 결국 사망해. 그 자리에서 바로 잡힌 범인은 '재일본 조선인 총련합회(이하 조총련)' 출신의 문세광이었어. 가뜩이나 위축된 남북 관계에 찬물을 끼얹은 꼴이었지.

그런데 범인은 어떻게 삼엄한 경호를 뚫고 기념식장에 들어갔으며, 박정희 대통령을 향해 권총 방아쇠를 당길 수 있었을까?

범인이 위조한 여권에 적힌 이름은 '요시이 유키오吉井行雄', 본명은 문세광이었어. 그는 지인이었던 요시이 미키코吉井美喜子의 남편 요시이 유키오의 이름으로 여권을 발급받았고, 일본에서 훔친 권총을 숨겨 한국에 왔어. 평생 일본에서 차별을 받으며 자란 스물세 살의 재일교포 문세광은 조총련 간부에게서 박정희 대통령을 암살해 인민

봉기를 하자는 제안을 받고 이 사건을 계획한 거야.

그날 문세광은 검정색 포드 자동차를 타고 행사장에 나타나서 VIP처럼 보이도록 행동했어. 이 모습을 본 어느 경호원도 의심하지 않았지. 되레 문을 열어 주는 등 의전을 베풀기도 했어. 식장 입구에서 검문을 받긴 했지만 일본어를 사용하자 경호원들은 이해하지 못해서 바로 행사장 내부 재일교포석에 앉혔다고 해. 객석에 앉아 기회를 노리던 문세광은 권총을 꺼내다가 실수로 자신의 왼쪽 허벅지에 쏴 버렸어. 당황한 그는 자리에서 일어나 절뚝거리며 무대를 향해 걸어가면서 총을 쐈지. 기념사를 읽던 박정희 대통령은 몸을 숨겼지만, 육영수 여사는 연단 뒤편 의자에 앉아 있던 터라 피하지 못하고 머리에 총을 맞았어. 문세광은 체포되었고, 박정희 대통령은 잠시 행사를 멈춘 뒤에 기념사를 마저 읽었다고 해.

문세광의 재판은 초고속으로 진행되어 4개월 만인 그해 12월 17일 대법원에서 사형이 확정되었고, 12월 20일 서울구치소에서 사형이 집행됐어.

이 사건은 한일 관계에도 영향을 미쳤어. 한국은 그 배후에 북한과 조총련이 있다는 입장인 반면, 일본은 조총련의 근거지나 문세광의 출신에서 일본을 배제한 단독 범행을 주장했어. 한국은 일본과 수교를 끊는 것까지 생각할 정도로 강경 입장이었는데, 이후 강경노선에 부담을 느낀 나머지 일본이 입장을 바꿔서 사건을 마무리 지었어.

이 사건으로 국민의 분노가 극에 달했음에도 박정희 정부는 얻은

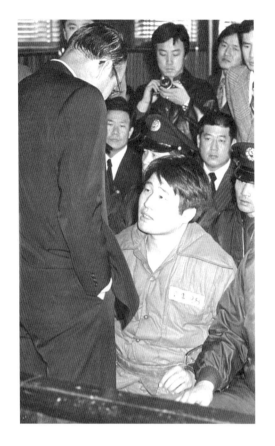

항소심에서 변호사와 이
야기를 나누는 문세광

것이 있었어. 반공 이데올로기 강화로 정치적 불안을 잠재울 수 있
었거든. 우리 현대사를 보면 반공이 해결책처럼 등장하는 경우가 많
은데, 이럴 때를 분석해 보면 대부분 우리 사회가 굉장히 불안할 때
였어. 더 정확하게 얘기하면 정권이 불안했다고 할 수 있지.

이에 자신감을 얻었는지 박정희 대통령은 조총련이 있는 일본 오
사카 총영사 조일제의 제안을 받아들여 일본 조총련계 재일동포 모

국 방문 사업을 발표했어. 북한과 벌인 체제 우위 경쟁에서 이겼다는 의미도 있었을 테고, 조총련이 북한과의 특수 관계를 끊고 한국에 우호적인 단체가 되게 하려는 숨은 목적도 있었을 거야.

모국방문단은 1975년 9월 13일부터 2주일 동안 체류하면서 현충사나 불국사 같은 명승지를 관광하고, 울산 현대조선소, 포항제철 같은 공업단지를 시찰했어. 수십 년 만에 눈으로 본 모국의 발전상에 참가자들은 감동했대. 또 고향 방문 프로그램은 말 그대로 눈물바다를 이루며 성황리에 진행됐어. 1975년 추석에 시작된 재일동포 모국 방문은 이듬해인 1976년 한식 때까지 6개월 동안 무려 7000여 명이 다녀갈 정도로 큰 성과를 냈지. 이후 이 사업은 중국과 소련 등 다양한 지역으로 확대되었어.

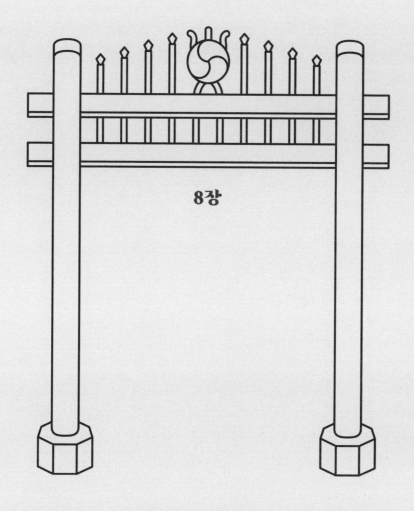

8장

10월 유신으로
무엇이 달라졌을까

영구 집권을 위한 비상 조치

1971년 대선에서 미세한 차이로 승리한 박정희 대통령은 투표 결과를 보고는 놀랐어. 자신의 지지층이 취약하다는 것을 확실히 알게 되었거든. 게다가 5월 총선에서 야당인 신민당이 개헌저지선을 웃도는 89석을 얻었다는 건 큰 위기였어.

그래서 1972년 10월 17일 박정희 대통령은 '독재자'라는 수식어에 맞는 승부수인 '비상 조치'를 발표해. 국회를 해산하고 정당 및 정치 활동을 중지하겠다는 거야. 당시 헌법에 대통령의 국회 해산권은 없었지만 군대를 동원해 강제로 진행했어. 역사는 이를 두고 박정희의 '친위 군사 정변'이라고 규정해.

박정희 대통령은 아주 은밀하게 헌법을 개정했어. 종신 대통령이 되기 위해서였지. 중앙대 갈봉근 교수가 헌법 개정을 담당했어. 그는 프랑스 제5공화국 헌법과 미국의 대통령 중심제를 참조해서 '유신 체제'를 만들었어. '유신維新'은 일본 '메이지 유신明治維新'을 벤치마킹한 용어로, 《시경詩經》에 나오는 말이래. "낡은 제도 따위를 고쳐 새롭게 한다"라는 뜻인데, 박정희 대통령은 이 좋은 낱말을 새 헌법의 역기능을 덮는 포장지로 사용했어.

그렇다면 그 내용이 어땠길래 이런 포장지까지 필요했을까. 우선 대통령 선거를 간접선거제로 바꿨어. 김대중 신민당 후보의 사례가 있었던 터라 안정적으로 대통령이 될 방법이 필요했던 거야. 그래서 조국의 평화적 통일을 추진하기 위한 국민적 조직체인 '통일 주체 국민 회의'를 만들고, 거기서 대통령을 뽑도록 했어. 투표권이 있는 대의원은 정부와 여당의 입김대로 구성할 수 있었거든. 대통령 임기도 6년으로 연장하고, 연임 제한을 철폐해 종신 집권이 가능하게 했지. 통일 주체 국민 회의는 국회의원 3분의 1을 대통령의 추천을 받아 선출하는 권한도 갖고 있었어. 결국 대통령의 마음대로 정치를 하겠다는 거야.

모든 권한이 대통령에게 집중된 '한국적 민주주의'라는 수식어로 포장된 이 유신 헌법은 10월 27일 비상 국무 회의에서 의결·공고되었고, 11월 21일에 국민 투표에 부쳐져 투표율 91.9퍼센트, 찬성 91.5퍼센트로 확정되었어. 물론 강압적이고 부정한 방법을 동원한 국민 투표였지.

민주화 운동의 발단이 된 10월 유신

　헌법이 바뀌었으니, 대통령을 다시 뽑고 국회도 다시 구성해야 했어. 상상을 초월한 찬성률에 고무된 박정희 대통령은 넘치는 자신감으로 사전 정지 작업부터 했어. 12월 14일에는 비상 계엄 등 옥죄었던 각종 조치를 해제했고, 다음 날엔 통일 주체 국민 회의 대의원 선거를 치렀지. 도시는 1개 동마다, 농어촌은 1개 면마다 대의원을 1명씩 뽑았어. 모두 2359명의 대의원이 뽑혔는데, 이들이 대통령을 뽑는 거야. 뽑힌 대의원들은 관변에서 주로 활동하는 인사들이었어. 이들은 당연히 여당을 지지했지.

　새로 구성된 국회에서 첫 대통령 선거를 실시했어. 입후보자는 박정희 대통령밖에 없어서 결국 찬반 투표로 선거를 진행되었고 박정희 대통령은 또 당선돼. 그런데 반대표는 한 표도 없었고, 무효표만

두 표가 나왔어. 무효표는 '박정희'의 한자를 잘못 쓴 거였대. 실제 100퍼센트 득표나 다를 바 없었던 거야. 이때부터 통일 주체 국민회의 대의원들이 장충체육관에 모여 대통령을 뽑았대서 박정희 대통령을 '체육관 대통령'이라고 불렀지.

다시 신임받은 박정희 대통령은 제4공화국을 열어 마음껏 권력을 휘두르며 '독재·권위주의·파시즘'으로 상징되는 폭압 정치의 생명을 연장했어.

납치된 김대중

1970년 시인 김지하는 《사상계》 5월호에 재벌, 국회의원, 고위 공무원, 군장성, 장차관 등을 적으로 풍자하는 담시 〈오적五賊〉을 발표해서 구속당했어. 그 시를 실은 잡지 《사상계》는 폐간되었지. 문화까지 탄압했던 박정희 대통령은 종신 대통령의 길까지 활짝 열었지만, 여전히 불안해했어. 그래서 다음 행보로 걸림돌이 될 정적들을 제거하기 시작해.

이때 박정희 대통령의 입지를 흔들던 가장 강력한 정적은 1971년 대선에서 돌풍을 일으킨 야당의 젊은 리더, 김대중이었어. 김대중은 이미 두 번이나 죽을 고비를 넘겼어. 대선 중이던 1971년 1월 27일 김대중 후보의 동교동 자택 마당에서 폭발물이 터진 거야. 다행히 김대중은 미국 방문 중이어서 화를 입지 않았지. 하지만 그는 대선이 끝나고도 계속 위협받았어. 선거 하루 전인 5월 14일, 총선 지원 유세에 나서려고 차를 타고 이동하는 김대중을 14톤짜리 대형 트럭이 들이받기도 했어. 원래는 목포에서 비행기를 타고 수원으로 가려 했는데 결항으로 차량을 이용했던 거야. 김대중은 이 사고로 중상을 입었어. 물론 이게 누구의 소행인지는 밝혀지지 않았어. 다만 정황으로 볼 때 정치적 테러 같다는 합리적 의심을 할 뿐이야.

1972년 10월 11일, 김대중은 이때 다친 고관절을 치료하려고 일본으로 갔어. 그때 고국에서 10월 유신이 선포되었고, 김대중은 귀국을 포기하고 망명을 택했어. 김대중은 미국과 일본을 오가면서 유신을 비판하고 반정부 투쟁을 벌였지.

1973년 8월, 김대중은 워싱턴에서 조직한 '한국 민주 회복 통일 촉진 국민 회의'의 일본 지부 조직을 위해 도쿄로 갔어. 숙소는 팰리스 호텔 501호였대. 김대중은 8월 7일로 예정된 반박정희 집회에 참가하기 전에 같은 호텔에 투숙한 양일동 민주통일당 대표와 만났어. 그런데 오후 1시경 만남을 끝내고 나오던 김대중을 괴한들이 납치해 빈방에 감금하고 강제로 마취약을 투여했어.

이후 김대중은 '용금호'라는 배에 태워졌어. 눈에 테이프를 여러 겹 붙이고 그 위에 붕대로 감아 어디로 가는지 알지 못하도록 했지. 괴한들은 김대중의 오른쪽 손목과 왼쪽 발목에 큰 돌을 묶으면서 "던질 때 풀어지지 않도록 단단히 묶어"라고 했대. 속수무책이었던 김대

납치되었다가 풀려난 김대중

중은 독실한 천주교 신자답게 "국민이 불쌍하니 살려달라!"라고 반복해서 기도만 할 수밖에 없었다고 해.

그런데 이때 일본 해상자위대 함정이 용금호를 추적해 왔어. 결국 괴한들은 김대중을 수장하지 못하고 동교동 자택 부근 뒷골목에 풀어 주었어. 이렇게 김대중은 또 한 번의 죽음을 넘어 살아 돌아왔어. 김대중은 이 사건의 배후에 당연히 박정희가 있다고 주장했지.

훗날 이 일은 이후락 중앙정보부장이 '윤필용 사건'으로 잃은 신임을 얻기 위해 한 행동이라는 항간의 얘기가 있었지만 확인되지는 않았어. 윤필용 사건이란, 수경사령관 윤필용 소장이 1973년 이후락에게 "각하의 후계자는 형님이십니다. 김춘추도 당나라에 갔다 와서 왕이 되지 않았습니까"라고 한 말이 정변 모의로 둔갑한 일이야. 윤필용은 박정희 대통령이 군 인사 문제를 상의할 정도로 가까운 사이였어. 하지만 박정희 대통령은 권력을 지키려고 측근인 윤필용에게 징역형을 내렸어.

국민의 손발을 묶다

시민들은 박정희 정권을 군부독재로 규정하고 민주화 투쟁에 적극적으로 나섰어. 이를 어떻게 진압할까 고민하던 박정희 대통령은 '긴급 조치'를 발표하기로 했어. 긴급 조치는 국정 전반을 통제할 수 있는 매우 강력한 초헌법적인 조치야.

유신 헌법 반대 투쟁에 나선 학생들이 1974년을 '민권 쟁취, 민주 승리의 해'로 정하자 박정희 대통령은 1월 8일에 긴급 조치 1호를 발동시켰어. 헌법을 부정, 반대, 왜곡 또는 비방하는 행위를 일절 못하도록 한 거야. 이날 긴급 조치 2호도 함께 발표되었어. 2호는 1호를 위반하는 사람들의 처벌을 위한 조치로 비상 군법 회의를 설치하되, 중앙정보부장이 감독한다는 내용이야.

정치 상황은 점점 안 좋아졌어. 재야인사들은 '100만인 개헌 서명 운동'에 돌입했고, 박정희 정권은 탄압을 피해 지하로 숨은 반체제운동 세력을 겨냥해. 1974년 4월 3일에 수업 거부와 집단행동을 금지하는 긴급 조치 4호를 발동하고, 민주화 투쟁 배후에 '전국 민주 청년 학생 총연맹(이하 민청학련)'이 있다며 일망타진에 나섰어.

하지만 박정희 대통령은 긴급 조치만으로 국민에게 공포감을 심어 주기엔 부족해서 운동권을 아예 '빨갱이'로 만들어 사회에서 몰아내겠다고 생각했어. 반공이 국시라 공산주의라면 혀를 내두르는 사회적 분위기가 있었거든. 박정희 정권은 시위의 주동 세력인 민청학

휴교령이 내려진 고
려대 정문을 막아선
군인들

련의 배후에 '인민혁명당'이 있다고 발표했어. 이름부터 북한의 느낌
이 나는 이 정당을 민청학련이 북한의 지령을 받아 재건했다는 거야.
그리고 투쟁 주동자들에게 사형을 선고해 공포 분위기를 만들었지.

철권통치가 먹히자 박정희 정권은 8월 23일에 긴급 조치 5호를
발동해 긴급 조치 1호와 4호를 해제했어. 1975년 1월 1일에는 긴급
조치 3호를 해제하면서 6호를 발표했지.

이러한 상황에서 4월 8일에 고려대 학생 2000여 명이 민주 헌정
회복과 구속자 석방을 주장하면서 시위를 벌였어. 박정희 정권은 서
둘러 긴급 조치 7호를 발동했어. 고려대에 휴교령을 내리는 한편 시
위 집회를 일절 금지하는 내용이었지. 이 조치는 5월 13일 긴급 조치
8호를 발동하여 해제됐는데, 정부는 이날 9호를 발동해 국민을 옥죄
었어. 긴급 조치 9호는 긴급 조치 1호와 긴급 조치 4호의 주요 내용
을 묶어 발동한 것으로, 유언비어 유포 및 유신 헌법 폐지 주장 자체
를 금지했어.

명동성당에서 열린 시위

이런 긴급 조치 상황에서 1976년 3월 1일 오후 6시, 서울 명동성당에서 700여 명의 천주교 신자들이 참석한 가운데 3·1절 기념미사가 열렸어. 여기서 "이 나라의 먼 앞날을 내다보면서 '민주 구국 선언'을 선포"해. 이 선언문에는 윤보선 전 대통령을 비롯한 김대중, 함석헌, 함세웅 등 정계·종교계·학계의 지도급 인사들이 서명했어. 긴급 조치를 철폐하고 대통령 직선제와 박정희 대통령의 퇴진을 요구했지.

이 행사 당일에는 아무런 문제가 없었어. 그런데 박정희 대통령이 서명자들 이름에서 김대중을 발견하고는 화가 나서 '정부 전복 선동 사건'이라고 칭하며 관련자들을 붙잡았다고 해.

YH노조, 신민당사 점거

1989년 8월 9일 아침 9시, 젊은 여성들 한 무리가 서울 마포 신민당 사로 뛰어 들어갔어. 갑작스러운 상황에 경비원이 막아섰지. 그때 이들을 막지 말고 들여보내라고 한 사람이 있었어. 그 사람은 나중에 대통령까지 지내는 김영삼 신민당 총재야. 신민당사에 들어온 사람들은 모두 187명으로, 국내 최대 가발업체 YH무역 노동조합의 조합원들이었어. 노조원들은 "지켜주겠으니 걱정하지 말라"라는 김영삼 총재의 말을 믿고 "정상화 아니면 죽음이다", "우리를 나가라면 어디로 나가란 말이냐", "배고파서 못 살겠다, 먹을 것을 달라"라는 플래카드를 써서 벽에 걸고 농성을 시작했어.

당시 가발은 신발, 섬유와 함께 우리 경제를 견인하는 대표적인 수출 상품이었어. YH무역은 하루가 다르게 쑥쑥 성장했지. 회사 설립자들은 국가의 권력 실세들과 친해서 거리낌 없이 일을 추진할 뒷배까지 든든했거든. 이런 상황에서 YH무역은 갓 초등학교만 졸업하고 서울로 온 여성 노동자(당시 '여공'이라 불렀다)의 값싼 임금과 일한 만큼 임금을 주는 도급제를 활용해서 막대한 이익을 취했어.

12시간은 기본이고, 심지어 꼬박 밤새며 24시간 노동도 다반사였대. 여기에다 간부 직원들의 반인격적 탄압도 매일 반복되었어.

그런데 회사 설립자가 자금을 미국으로 빼돌려 다른 사업을 차렸고, 설립자 대신 사장직을 맡은 사장도 자금을 빼돌려 자기 명의의 다른 회사를 차린 탓에 회사가 휘청거리게 되었어. 결국 YH무역 노동자들은 몰래 노동조합을 결성했어. 회사가 알면 탄압할 것이 뻔해서 이불을 뒤집어쓰고 가입원서를 쓸 정도로 극비리에 진행됐지. 이렇게 900여 명의 노조원을 확보해서 1975년 5월 4일 전국섬유노조 YH지부가 결성되었어.

박정희 정권은 대책 회의를 열어 YH무역 노동자들의 배후에 신민당이 있다고 결론을 내려. 그래서 신민당사에 들어가 투쟁하는 노동자들을 해산하기로 했어. 그리하여 농성 사흘째인 8월 12일 새벽 2시, 마침내 '101호 작전'이 개시됐어. '101'은 사람을 양쪽에서 연행하는 모습에서 붙여진 이름이래. 2000여 명의 경찰이 신민당사 안으로 들어왔어. 무장한 경찰들을 이길 수 없어서 23분 만에 작전은 싱겁게 마무리되었지.

그런데 진압 이후 신민당사 뒤편 지하실 입구에서 YH무역 노동조합 조직부 차장 김경숙의 주검이 발견되면서 문제가 커졌어. 서둘러 조사를 마친 경찰은 세 번이나 말을 바꿔 가며 사망 원인을 자살이라고 발표했어. 결국 경찰관 입회하에 시립병원 복도에서 3분 만에 치러진 장례는 영정 사진과 조문객도 없이 가족들 분향만 허용했대. 하지만 시간이 지나 2008년 '진실·화해를 위한 과거사 정리 위원회' 재조사 결과 경찰의 쇠파이프에 맞아 사망한 것으로 추정된다고 발표하며 잘못된 과거의 조사 결과를 바로잡았어.

유신 정권, 막을 내리다

> "국민으로부터 점차 동떨어지고 있는 근본적인 독재 정권과 민주주의를 갈망하는 대다수 국민 중 누구를 선택할 것인지 미국은 분명히 해야 할 때가 왔다."

1979년 9월 16일 치 《뉴욕타임스》에 실린 신민당 김영삼 총재의 인터뷰 기사야. 미국 정부가 나서서 한국의 독재 정권을 무너뜨려야 한다는 주장이었지. 여당은 기다렸다는 듯 "헌정을 부정하고 사대주의 발언을 했다"라며 공격했어. 결국 김영삼 총재는 10월 4일 여당 의원 159명만 참석한 국회 본회의에서 40초 만에 날치기 만장일치로 국회의원직에서 제명돼. 이때 가택연금된 김영삼 총재는 "닭의 목을 비틀어도 새벽은 온다"라는 유명한 어록을 남겼어.

그러자 야당 의원들이 집단 사퇴서를 내게 되는데, 여당은 사퇴서를 선별하고 수정해서 대중의 지지를 얻으려는 전략인 선별수리론으로 맞대응하려 했어. 이에 김영삼 총재의 정치적 본거지인 부산과

마산 시내에 투입된 공수부대

마산의 민심이 동요하기 시작했지. 10월 15일에는 부산대 학생들이
민주선언문을 배포하면서 시위의 불씨를 지폈고, 이튿날부터 대대적
인 거리 투쟁에 나섰어. 이 시위가 10월 18일엔 마산으로 넘어갔어.
마산의 시위는 부산보다 훨씬 더 격렬했고, 역사는 이를 '부마 민주
항쟁'이라고 불러.

　놀란 정부는 10월 18일 부산에 계엄령을 선포했어. 그렇지만 한
편으론 진압을 둘러싸고 큰 내부적 갈등이 있었다고 해. 상황 파악
을 위해 부산을 급히 다녀온 김재규 중앙정보부장은 1976년 반유신
과 민족 해방을 목표로 결성된 지하조직, '남조선 민족 해방 전선(이

하 남민전)'과는 관계없는 일반 시민의 '민란'이라고 보고했어. 박정희 대통령이 역정을 내며 직접 발포 명령을 내리겠다고 하자, 차지철 경호실장은 캄보디아에서 300만 명을 학살하고도 아무 탈 없었는데 200만 명을 죽인다고 무슨 일 있겠느냐며 거들었대. 그렇게 부마 민주 항쟁은 특전사와 공수부대로 구성된 계엄군이 폭력적으로 진압해서 20일에 잦아들었어.

하지만 부마 민주 항쟁은 엄청난 나비효과를 일으켰어. 10월 26일, 충남 삽교천 방조제 준공식과 대북용 KBS 당진 송신소 개소식에 다녀온 박정희 대통령은 저녁엔 궁정동 안가에서 경호실장 차지철, 비서실장 김계원, 중앙정보부장 김재규와 함께 연회를 가졌어. 이 자리에서 김재규 중앙정보부장은 박정희 대통령과 차지철을 향해 권총 방아쇠를 당겼고 박정희 대통령은 절명했어. 김재규 중앙정보부장은 이날의 상황을 전하면서 "유신의 심장을 쏘았다"라고 말했대. 총으로 잡은 정권이 결국 총으로 망한 거지.

김재규 중앙정보부장은 박정희 대통령의 심복 중의 심복이야. 박정희 대통령에게서 전화가 오면 차렷 자세로 받을 정도로 존경했대. 그러면서 따뜻한 인간미도 있었던 것 같아. 김재규 중앙정보부장이 왜 박정희 대통령에게 총구를 겨눴을까? 김재규 중앙정보부장은 민주화를 위해 독재자를 처단했다고 주장했고, 한편에서는 차지철과 충성 경쟁에서 밀려 앙심을 품고 저지른 일이라는 의견이 분분했어. 여전히 의문으로 남은 건 거사 후 김재규 중앙정보부장의 행적이야.

박정희의 독재를
끝낸 김재규 중앙
정보부장

옆방에 불러 놓은 정승화 육군참모총장과 함께 군사 정변을 했더라
면 쉽게 성공할 수 있었을 텐데 그렇게 하지 않았어.

김재규는 1980년 1월 28일 육군 고등 계엄 군법 회의에서 '내란
목적 살인 및 내란 미수죄'로 사형을 선고받고, 5월 24일 형장의 이
슬로 사라졌어.

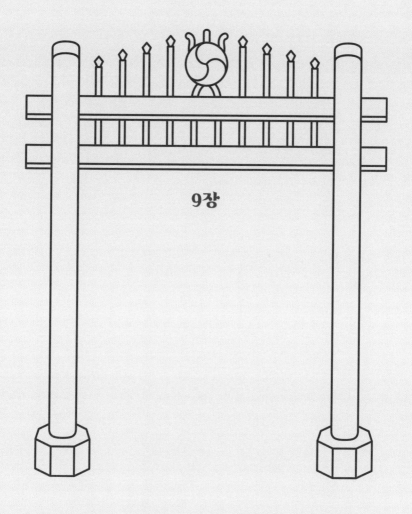

9장

서울의 봄은
어떻게 저물었을까

고개를 든 전두환

박정희 대통령이 죽고 이틀 뒤인 10월 28일, 아주 낯선 인물이 텔레비전에 나왔어. 그는 '보안사령관 겸 합동 수사 본부장'이란 직책을 달고 있었지. 워낙 엄청난 사건이니 수사 책임자가 브리핑하는 거야 있을 수 있는 일이지만, 그는 군복을 입었고 어깨엔 별이 두 개가 달려 있었어. 어떻게 수사 책임자가 경찰이 아닌 군인일 수 있는 걸까?

수사 책임자가 군인일 수 있었던 이유는 계엄령이 발동되었기 때문이야. 헌법에 따라 박정희 전 대통령이 사망한 직후 최규하 국무총리가 대통령 권한대행이 되었거든. 그런데 최규하 대통령 권한대행이 계엄령을 선포했어. 박정희 전 대통령이 민주화 투쟁을 잠재우기 위해 사용했던 긴급 조치보다 훨씬 센 조치였어.

수사 책임자로 나온 사람은 '전두환'이었어. 당시 국민들은 수사 책임자가 중간 수사 결과를 발표하는 건 당연했기 때문에 전두환을 눈여겨보지 않았어. 하지만 계엄령으로 자연스럽게 권력을 쥔 정치 군인들은 계엄령이 발동된 상황을 기회로 받아들였어. 수사를 핑계로 대통령이라도 잡아들일 수 있는 권한이 있었거든. 그런데 이 정치 군인들은 누구일까?

이들은 군내 사조직인 '하나회' 회원들이야. 하나회는 1951년에 4년제가 된 육군사관학교의 첫 입학생들인 11기생 전두환과 노태우 등 5명이 모여 오성회를 조직하며 만들어졌어. 1961년엔 2명이 추가되어 칠성회가 되었고, 이듬해 하나회로 확대되었어. 전두한을 주축으로 하는 집단으로, 가입할 때 보스에게 절대 복종을 서약하는 폐쇄적 집단이었지. 특히 보스인 전두환은 육군사관학교 생도들의 5·16 군사 정변 지지 시가행진을 주도하는 등 발 빠른 정치 활동으로 박정희 전 대통령의 신뢰를 얻었어. 공동 보스였던 윤필용은 박정희 전 대통령 후계를 모의했다는 윤필용 사건으로 기세가 꺾였지만, 전두환은 신뢰가 있었기에 보안사령관이 될 수 있었던 거야.

전두환은 11월 중순에 하나회를 등에 업고 정변을 일으키기로 결심해. 그래서 평소 눈여겨봤던 영관급 장교들을 포섭했어. 자기 휘하의 보안사령부 허화평 비서실장과 허삼수 인사처장, 청와대를 경비하는 장세동 30경비단장과 김진영 33경비단장 등을 포섭했고, 황영시 제1군단장과 노태우 제9사단장, 그리고 주요 시설을 점거할 행동대로 제1, 제3, 제5공수여단장과 계획을 공유했지.

일명 '생일집 잔치'라는 작전의 목표는 계엄사령관 정승화 육군참모총장을 체포하는 거였어. 당시 실질적 최고 권력자는 최규하 대통령 권한대행이 아닌 계엄사령관이었거든. 이 작전에는 최규하 대통령 권한대행으로부터 정승화 사령관 체포에 대한 허락을 얻어 내야 했어. 대통령 권한대행의 재가가 없으면 불법적인 체포가 되기 때문에 곤란한 문제가 생기기 때문이야.

한편 이 무렵에 돌았던 소문 중 하나는 정승화 계엄사령관이 전두환을 지방의 동해경비사령부로 전출시키려 한다는 거였어. 이미 위험한 존재로 부각된 하나회와 전두환이 정변을 일으킬지도 모른다는 우려 때문이었지. 전두환이 지방으로 전출된다면 작전은 실행할 수 없게 돼. 이런 상황에서 전두환은 무엇을 하게 될까?

무력으로 삼킨 권력

전두환으로서는 선수를 칠 수밖에 없었어. 소문이 돈다는 건 정승화 계엄사령관 측도 정보를 안다는 뜻이니 말이야. 그래서 머뭇거릴 필요가 없었지.

그러던 와중에 최규하 대통령 권한대행은 12월 6일에 있던 대통령 선거에 단독으로 출마해서 통일 주체 국민 회의 대의원의 찬성으로 대통령이 되었어. 최규하는 딱지를 뗀 진짜 대통령이 되었고, 그에 맞는 권한이 생겼지.

최규하가 대통령직을 맡고 시간이 얼마 지나지 않은 12월 12일 오후, 전두환은 동조 세력들을 경복궁 내 수도경비사령부 제30경비단 단장실로 불러 모았어. 이들은 두 팀으로 나누어 한 팀은 정승화 계엄사령관을 체포하고, 다른 한 팀은 최규하 대통령으로부터 체포 허가를 받기로 했지.

계획의 순서를 따져 보면 최규하 대통령의 허가를 먼저 받고 체포하는 것이 맞아. 그런데 일반적인 절차를 밟다 자칫 일을 그르칠 수 있다는 우려가 있었어. 허가와 체포 사이 공백기에 정승화 계엄사령관이 계획을 알게 되면 상황이 복잡해지거든. 그래서 두 일을 동시에 진행하기로 한 거야.

남은 변수는 전두환 편에 서지 않은 참군인이었던 특전사령관 정병주, 수도경비사령관 장태완, 육군본부 헌병감 김진기였어. 전두환은 세 장군더러 연희동 비밀요정에서 만나자고 약속해. 이들은 약속 장소로 갔지만 전두환은 나오지 않았어.

전두환이 코빼기도 보이지 않은 점을 이상하게 여긴 이들이 여기저기 수소문하다 정승화 사령관이 납치되었다는 걸 알게 돼. 세 장군 모두 부대로 갔지만 상당수는 이미 '신군부'(박정희 군부와 구분 짓기 위해 이들을 '신군부'로 부른다) 쪽으로 넘어간 상태였어. 그런데도 이미 출동한 하나회의 공수부대를 막기 위해 정병주 특전사령관은

12·12 사태를 다룬 영화 〈서울의 봄〉 스틸 컷

제9공수부대를 출동시켰어. 마주치면 위험하다는 것을 알았던 신군부는 북한 도발을 이유로 들며 거짓말로 양측 모두 병력을 철수하자는 협상을 제안해 왔어. 제9공수부대는 협상에 따라 철수해. 하지만 하나회 측 공수부대는 한강대교를 넘었어.

저녁 8시경 서울 한남동 정승화 계엄사령관 공관에 도착한 신군부는 작전에 돌입했어. 뇌물 수수 혐의로 조사하겠다며 연행하려 하자, 정승화 계엄사령관은 "무슨 개소리냐"라며 저항했다고 해. 하지만 신군부는 권총을 정승화 계엄사령관 뺨에 대고 차에 태웠어.

한편 최규하 대통령은 정승화 사령관 체포를 허락하지 않았어. 곧바로 자기에게 오지 말고 국방부장관을 거치고 오라는 것이었지. 그

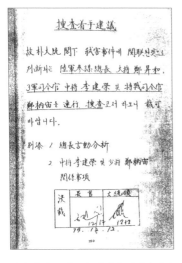

정승화 육군참모총장이자 계엄사령관
체포를 재가하는 서류

런데 노재현 국방부장관은 숨어버려서 찾을 수 없었어. 수경사 병력이 새벽 3시 50분경 국방부 지하 1층 계단 밑에서 그를 찾았대. 수경사로 끌려간 노재현 국방부장관이 결재안에 사인을 했고, 하나회 측은 최규하 대통령에게 결재를 받았다고 해. 최규하 대통령은 '사후승인'임을 알리기 위해 서류에 '12.13 05:10 AM'이라 적었다고 생전에 밝혔지만, 남아 있는 서류에는 그런 내용이 없었어. 신군부가 서류에 손을 썼다는 의심이 들지만 확인할 방법은 없어.

이렇게 신군부는 작전을 완수하면서 1차 정변을 마무리했어. 정승화 계엄사령관을 붙잡았으니, 이제 대통령까지 하야시키고 그 자리를 차지하면 정변은 완성되는 거였어.

눈앞에서 사라진 민주주의

12월 8일 최규하 대통령은 박정희 전 대통령의 유신 헌법 사수대 역할을 했다가 훗날 헌법재판소에서 만장일치로 위헌 판결을 받았던 긴급 조치를 해제했어. 그리고 개헌 논의를 할 수 있도록 열어 두면서도 긴급 조치로 처벌받은 재야인사들을 복권하며 민주화가 이루어질 것 같은 기대감을 주었어.

이때를 역사는 '서울의 봄'이라고 불러. 1968년 체코슬로바키아의 '프라하의 봄'에 비유한 표현으로, 인간 띠를 만들어 소련 탱크에 맞선 프라하 시민들의 민주적인 저항을 서울에 빗대어 표현한 거야. 겨울이 가면 봄이 오듯, 그렇게 공포 정치가 가고 민주주의가 온다는 의미지.

얼었던 땅이 풀리자 여기저기서 다양한 일들이 일어나기 시작했어. 우선 '삼김'(김영삼·김대중·김종필 등 세 김씨)으로 상징되는 정치 지도자들이 행동반경을 넓히면서 완전한 민주화를 위해 노력했거든. 특히 개헌 문제가 가장 뜨거운 현안이었어. 여전히 유신 헌법 체제였기에 얼른 철폐해야 했는데, 12월 21일에 취임식을 가진 최규하 대통령은 개헌하려면 1년 정도가 필요하다고 한 거야. 1년 안에 개헌은 물론, 대선과 총선까지 모두 마치자는 게 국민적 합의였기에 국민들은 실망할 수밖에 없었지.

이때 이상한 소문들이 돌았대. 신군부가 이상하다, 전두환이 실권자라는 소문이 파다했어. 그리고 신군부가 신현확 총리를 등에 업고 입법부와 행정부 선거가 분리되어 국가 원수의 권한은 대통령이 갖고 행정부 수반의 권한은 대통령과 의회에서 선출된 총리가 나눠 가지는 '이원집정부제'를 채택한다는 구체적인 얘기도 돌았어. 이런 소문이 돌자 전두환 측은 낭설이라고 일축했지. 그때 이미 국방부 주변에서는 신군부의 정치 참여를 기정사실로 받아들이는 분위기였대. 이때까지만 해도 국민은 12·12 사태의 진실을 제대로 알지 못했고, 신군부의 정치적 야심도 바깥으로 드러난 게 별로 없었어.

다시 서울의 봄에 안개가 끼기 시작했어. 하지만 1980년 2월 25일에 삼김이 뭉쳤어. 당시 신군부의 '보도 지침'이라는 게 있어서 이들의 이름을 신문에 쓰지 못하도록 통제하던 터라, '재야인사'라는 대명사로 표현되던 지도자들이었지. 삼김의 만남만으로도 무엇인가 이루어질 듯한 기대감이 가득했어.

그런데 1980년 4월 21일, 뜻하지 않은 변수가 생겼어. 최대 민영탄광인 동원탄좌 강원도 사북광업소에서 노사 분규가 생긴 거야. 바로 그 유명한 '사북 항쟁'이지. 노동자들은 임금 인상과 사측하고 결탁한 어용노조지부장의 사퇴를 요구했어. 나흘 동안 무정부 상태가 이어질 정도로 격렬했지. 노조와 사장 그리고 정부 대표가 합의해서 진정될 듯하다가 신군부가 관련자를 구속하자 이번에는 학생들이 들고일어나기 시작한 거야.

이때다 싶은 전두환은 김재규의 구명 운동을 막겠다는 핑계로 중앙정보부장 직을 겸임하겠다고 나서며 중앙정보부장 '서리'가 되었어. 서리는 권한대행 같은 것인데, 굳이 서리라고 한 건 중앙정보부장은 겸직이 금지되었기 때문이야. 그래서 서리를 붙여 정보 권력까

생존권과 노동 인권을 되찾기 위해 벌인 사북 항쟁

지 쥐게 되었어.

마흔아홉 살 전두환의 행보에 정치권이 발칵 뒤집혔어. 군과 민간의 두 정보 기관을 한 손에 쥔 전두환의 권력이 막강해지자 미국도 전두환의 권력이 늘어나는 것을 반대했다고 해. 외신에서도 한국 정치의 흐름 자체를 좌우할 만큼 강력한 존재가 등장했다고 논평했지. 결국 이런 흐름은 서울의 봄이 봄인 듯 봄이 아닌 '춘래불사춘春來不似春'의 형국으로 치달았어.

저문 봄, 돌아온 겨울

신군부의 물밑 작당질 속에서도 민주화를 위한 시위는 계속되었어.

특히 사북 항쟁에 자극받은 학생들은 학원 민주화 추진에 적극 나섰지. 병영 느낌이 나는 학도 호국단을 없애고 학생회를 부활시키려고 했어. 아울러 정권에 부역한 어용교수 퇴진도 함께 주장했어.

학생들은 4월 병영 집체 훈련을 거부하면서 민주화를 추진하기 시작했어. 고등학생이 되면 의무적으로 받는 군사 교육과 대학생 문무대 군사 훈련을 거부한 거야. 정부는 받아들이지 않았지. 그러자 학생들은 투쟁 방향을 '정치투쟁'으로 전환했어. 학생들은 신군부를 비롯한 최규하 대통령, 신현확 총리 등의 비상식적 행동을 비판하는 한편 계엄 철폐를 요구했고, 특히 전두환의 실명을 거론하며 퇴진을 요구했지.

학도 호국단

이때 이상한 소문이 돌았어. 일본 방위성 얘기라며 북한의 남침설이 유포된 거야. 육군의 분석 결과 '첩보 가치 없음', 미국도 '특이사항 없음'으로 결과를 내놓았지. 존 위컴John Adams Wickham, Jr. 주한미군 사령관은 "전두환이 청와대의 주인이 되기 위한 구실"이라고 주장하기도 했대.

5월 13일부터 학생들은 계엄 철폐와 부정 축재 환수를 외치며 거리로 나갔어. 이 열기로 5월 15일 서울 30여 개 대학 학생들과 시민들이 합세한 약 10만 명이 서울역으로 모였지. 그런데 저녁 8시까지 이어진 집회는 미니버스에서 열린 학생지도부 회의 결과 해산하기로 한 거야. 혹시 신군부가 시위대 해산을 위해 탱크를 동원하면 유혈 사태가 일어날 수도 있다는 우려 때문이었지. 역사는 이를 '서울역 회군'이라고 불러. 이 일을 계기로 '서울의 봄'이 피우려던 꽃망울은 생기를 잃었어.

5월 16일 양김(김대중과 김영삼)이 급히 만났어. 비상 계엄 즉각 해제와 정치 일정의 연내 완결 등 6개 항의 시국 수습 방안을 발표했지. 마침 중동을 순방 중이던 최규하 대통령이 일정을 하루 앞당겨 이날 귀국했어. 이날 밤 심야 대책 회의에서 계엄령 확대와 학생 시위 강경 대응을 논의했대. 군부도 발 빠르게 나서서 전군 지휘관 회의를 열어 계엄의 전국 확대를 건의했어. 손발이 짝짝 맞는 느낌이 들지.

5월 17일 밤 9시 42분, 국무 회의는 비상 계엄 전국 확대를 결의

1980년 5월 15일에 절정을 이룬 서울의 봄

했어. 중앙청 복도에는 무장한 군인들이 줄지어 있었대. 일제의 이토 히로부미가 을사늑약을 체결할 때 대신들을 제압하듯 결의한 거야. 그렇게 계엄 포고령이 발표되었어. 정치 활동이 금지되고, 대학엔 휴교령이 내려지고, 이미 실시하던 보도 지침을 더 강화한다는 거였어. 한마디로 모든 걸 통제하겠다는 거지.

비상 계엄은 앞에서도 얘기했지만 군부가 초헌법적 권한을 행사할 수 있는 수단이잖아. 그렇다면 대통령을 허수아비로 만들고 실질적 권한은 신군부의 리더 전두환이 움켜쥔 거나 마찬가지야. 이제 정변을 진두지휘하는 전두환에게 넘어야 할 산은 없었어. 이렇게

1979년 12월 12일부터 시작된 전두환 신군부의 정변은 '세계에서 가장 오래 진행된 쿠데타'라는 평가와 함께 완성되었어.

이로써 1979년 10월 26일 박정희 전 대통령의 사망으로 시작된 서울의 봄은 꽃을 피우지 못한 채 1980년 5월 17일 전두환의 정변 완성으로 혹한의 추운 겨울을 예고하며 온기를 잃었어.

아무도 몰랐던 5·18 광주 민주화 운동

신군부의 계엄령 확대 조치는 다시 학생들을 결집하도록 하는 기폭제가 됐어. 휴교령이 내리면 다시 집결한다는 사전 결의에 따라 전남대 학생들이 5월 18일 전남대 정문에 모인 거야. 학생들은 '김대중 석방'과 '전두환 퇴진', '비상 계엄 해제'를 외치며 시위를 벌였어.

신군부는 부마 민주 항쟁 당시 했던 것처럼 초반에 강경하게 진압하려고 공수부대를 투입했어. 공수부대의 시위 진압은 상상을 초월했지. 19일 낮엔 시위가 약간 주춤했어. 계엄군의 무자비한 진압에 시위대가 당황한 거야. 하지만 오후엔 다시 시위가 활발해졌어. 강경하게 진압하면 할수록 시위대가 더 늘어난 거지. 학생들이 당하는 모습을 본 시민들이 분노하고 합세하면서 시민과 학생의 연대가 이루어졌어.

20일이 되면서 광주의 상황은 서서히 학생 시위 수준을 넘어 '민

전남도청 분수대 앞 광장에 모인 2만여 명의 광주 시민들(위)과 5·18 광주 민주화 운동에 관한 영화 (1980) 스틸 컷

중 항쟁'의 모습을 보이기 시작했어. 그러자 신군부가 파견한 공수부대의 진압이 더 잔인해져. 광주 일대가 무정부 상태처럼 보일 정도로 혼란스러운 형국이었지.

그런데 광주 바깥에서는 이 민중 항쟁에 대해 거의 알지 못했어. 신군부의 언론 통제로 단 한 줄의 진실도 바깥으로 나가지 못했거든. 그저 신문 1면 시커먼 배경 상자에 여럿이 모여 소란을 피운다는 뜻인 '소요 사태'라고만 전할 뿐이었어.

계엄군의 무자비한 폭력 앞에 시위대는 정당방위 차원에서라도 무장해야만 했어. 향토 예비군 무기고에서 총을 꺼내 무장 항쟁으로 전환하며 시민군의 모습을 갖추기 시작했지. 그러자 계엄군은 시민군을 향해 본격적으로 발포하기 시작했어. 시민군을 향해 총을 쏴대는 공수부대원들의 눈에는 살기가 번득였대. 소문의 진실성 여부를 떠나, 오죽하면 공수부대원들을 굶긴 다음 위스키를 마시게 하고 현장에 투입했다는 말까지 돌았을까.

계엄군의 전방위 공격에도 시위대가 버티자 계엄군은 특단의 작전을 펼쳤어. 5월 21일 전남대와 전남도청 앞에서 시위대와 한바탕 격렬하게 부딪힌 계엄군은 일단 광주 외곽으로 철수해. 그리고 광주 외곽도로를 모두 봉쇄하기 시작했어.

반면 시민군은 계엄군이 잠시 뒤로 물러나면서 전남도청을 점령하게 되었어. 이때부터 전남도청 분수대에서 매일 시민 궐기 대회를 열어 투쟁 목표를 재확인하고 난국 타개를 위한 지혜를 모았지. 시

광주 금남로에서 시위대
와 대치하고 있는 계엄군

민군들은 거리를 청소했고 시민들은 길가에 솥을 걸고 밥을 지어 주
었어. 사망자를 애도하고, 부상자를 돕기 위해 헌혈에 나섰지.

22일 목사와 변호사 등을 중심으로 '5·18 수습 대책 위원회'가 꾸
려져. 5·18 수습 대책 위원회는 시민군의 무기를 회수하는 한편 계
엄군과 협상했어. 계엄군은 무장해제와 항복을 요구했고, 시민군은
무기를 반납하자는 쪽과 끝까지 투쟁하자는 쪽으로 나뉘었어. 25일
밤 끝까지 투쟁하자는 쪽에서 새로운 항쟁 지도부인 '민주 시민 투
쟁 위원회'를 구성했지. 이들은 전남도청으로 들어갔어.

27일 0시, 계엄군은 시민군 진압을 위한 '상무 충정 작전'을 시작
해. 탱크 등으로 무장한 계엄군 2만 5000명을 투입했대. 시민군은
위기감 속에서 최후 결전을 준비했어. 그리고 가두 방송을 하며 시
민들에게 호소했지. 고문으로 고생하다 지금은 고인이 된 무용강사

전옥주 씨의 목소리였어.

"사랑하는 우리 형제, 우리 자매들이 계엄군의 총칼에 숨져 가고 있습니다. 우리 모두 일어나 끝까지 싸웁시다. 우리는 광주를 사수할 것입니다. 우리를 잊지 말아 주십시오. 우리는 최후까지 싸울 것입니다. 시민 여러분! 계엄군이 쳐들어오고 있습니다."

계엄군의 진압 작전은 건물 계단에 붉은 피가 물 흐르듯 흘렀다는 증언이 과장이 아닐 만큼 마구잡이였어. 새벽이 되었을 때는 더 이상 저항할 시민군이 없었대. 5·18 광주 민주화 운동은 그렇게 저물었어. 피해도 엄청났어. 2009년 광주광역시 통계에 따르면, 사망자 163명, 부상 후유증으로 인한 사망자 376명, 행방불명자 76명, 부상자 3139명이래. 이것도 정확한 숫자라고 하기엔 한계가 있지. 다 밝혀지지 않았으니까.

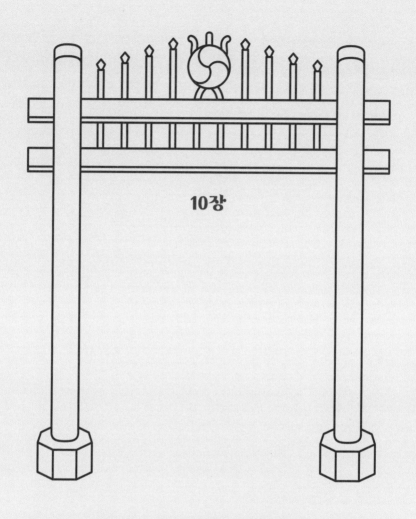

10장

민주주의를 어떻게
되찾을 수 있었을까

전두환, 대통령이 되다

쿠데타를 실질적으로 완성한 신군부는 마지막 통과의례만 남겨 두고 있었어. 최규하 대통령 이름을 빌려 유지되던 정부에 전두환의 이름을 새겨 넣으면 상황은 끝나는 거였지. 그 작업을 위해 신군부는 '국가 보위 비상 대책 위원회(이하 국보위)'를 설치했어. 위원장은 최규하 대통령, 상임위원장은 전두환이었어. 쿠데타가 아니라는 걸 위장하려고 최규하 대통령을 앞에 내세웠던 거야.

그런데 전두환은 최규하 대통령더러 스스로 물러가라고 하고 대통령 선거를 치르면 되는데 왜 이렇게 했을까? 그 이유는 유신 헌법 때문에 박정희 전 대통령이 죽었는데, 그런 께름칙한 유신 헌법에 따른 대통령이 되고 싶진 않기 때문이라는 얘기도 있어.

전두환은 1980년 9월 1일에 대통령이 되긴 됐어. 8월 19일에 최규하 대통령이 사임하고 유신 헌법에 따라 새 대통령을 뽑았는데, 전두환이 이때 당선됐거든. 그런데 전두환은 예전부터 대통령 출마를 위한 자격을 만들고 있었어. 군인은 대통령 선거에 출마할 수 없어서 4성 장군이 되자마자 전역해서 민간인이 되었지. 군을 떠난 전두환의 자리는 전두환 다음에 대통령이 될 노태우가 이어받았어.

대통령이 된 전두환은 국보위를 '국가 보위 입법 회의'로 개편해서 개헌 작업을 맡겼어. 헌법에 다양한 내용이 들어가지만 가장 중요한 것 한 가지만 꼽으라면 대통령 선거 제도야. 전두환 대통령은 직선제에 자신이 없었어. 선거 과정에서 봇물이 되어 쏟아질 비판이 부담스러웠던 거야. 결국 국민의 바람과 달리 박정희 전 대통령의 유신 헌법처럼 간선제를 채택해. 통일 주체 국민 회의 대신 대통령 선거인단이 투표하는 거였어. 그리고 장기 집권에 따른 부작용 탓인지 임기 7년의 단임으로 끝내게 했지. 9월 29일 헌법 개정안이 제안되고, 10월 22일 국민투표에 부쳐졌어. 투표율 95.5퍼센트, 찬성률 91.6퍼센트로 채택이 돼.

전두환은 그래도 흉내는 다 내려고 했어. 정치는 정당이 하는 거잖아. 그러니 정당을 만들어야겠지. 1981년 1월 15일 창당대회를 열고 탄생한 정당이 바로 민주정의당(이하 민정당)이야. 신군부 출신들이 만든 민정당은 권력의 중심이 되었고, 창당대회 당일에 제12대 대선 후보로 전두환을 뽑았어.

미국 레이건 대통령(왼쪽)과 전두환 대통령

신군부는 이미 개헌 전에 비리정치인 정치 활동 금지법 발표와 함께 정당해산령을 내려 모든 정당을 강제 해산시켜. 혹시 있을지 모르는 야당의 약진을 사전 봉쇄하기 위해서였지. 다만 민정당의 2중대, 3중대 정당이 들러리로 만들어졌어. 전형적인 구색 갖추기였던 거야.

1981년 2월 25일에 치러진 대통령 선거에는 전두환 말고도 여럿이 출마했지만, 결과는 90퍼센트의 득표율로 전두환이 당선돼. 그런데 여기엔 함정이 있어. 미국처럼 선거인단이 지지하는 후보를 미리 밝히도록 했다는 거야. 민주주의가 제대로 작동된다면 예측이 가능한 선거라는 점에서 문제가 없겠지. 하지만 서슬 퍼런 공안 통치 상황에서 누가 다른 사람을 지지한다고 밝힐 수 있을까. 이렇게 유신 헌법에 따라 선출된 대통령 전두환은 다시 신분을 세탁해 대한민국 제5공화국 대통령이 되었어.

한편 국회의원 총선거도 새 헌법에 따라 실시했어. 국회의원 선거는 1개 선거구에서 2명씩 뽑는 중선거구제를 채택했지. 한 선거구에 1명만 뽑는 소선거구제로는 신군부의 압승을 기대할 수 없었거든. 비례대표도 지역구 선거 결과 제1당이 무조건 3분의 2를 가져가도록 했어. 결과는 민정당이 지역구 90석, 비례대표 61석을 차지해 총 151석으로 과반 의석을 차지했지. 전두환 정권은 의회 권력까지 손아귀에 넣었어.

눈을 가리는 정책

행정부와 입법부 권력까지 쥔 전두환의 제5공화국의 캐치프레이즈는 '선진조국 창조', '정의사회 구현'이야. 선진조국 창조는 있을 수 있겠지만, 정의사회 구현이라니, 전두환 대통령이 한 일을 생각하면 조금 이상하지? 전두환 대통령이 집권하고 한국에 어떤 변화가 있었는지 알아보자.

전두환 대통령이 집권하고 '땡전 뉴스'의 시대가 열렸어. 땡전 뉴스는 9시를 알리는 시보가 '땡' 하고 울리면 "전두환 대통령은"으로 시작되는 텔레비전 뉴스를 가리키는 용어야. 전두환 대통령 뉴스가 으레 첫머리를 장식해야 한다는 웃긴 뉴스지.

그런데도 전두환 정권은 늘 불안했어. 아무리 독재자라도 우리 현대사의 민주화 투쟁 역사와 정신을 허투루 볼 수 없었거든. 정치와 국민 사이의 거리를 둘 필요가 있었어. 그래서 나온 정책이 '3S 정책'이야. 3S는 스포츠Sport, 섹스Sex, 스크린Screen의 머리글자를 딴 용어로, 3S 정책은 국민의 우민화에 앞장선 정책이지.

우선 1982년에 야간 통행금지가 풀렸어. 밤에 움직일 수 있게 되자 성매매 업소가 성황을 이루었고, 동시에 컬러TV와 비디오 플레이어가 적극적으로 보급되면서 포르노와 영화, 드라마가 국민의 인기를 끌기 시작했어.

3S 정책의 하이라이트는 스포츠야. 전두환 정부는 회심의 카드로 올림픽 유치 카드를 꺼냈어. 삼성그룹 이병철 회장의 소개로 만난 일본 정재계의 거물 세미자 류조瀨島龍三가 제안했다고 해. 실익이 없다며 반대가 있었지만 전두환 대통령은 물러서지 않았어. 그리하여 1980년 11월 IOC에 1988 여름 올림픽 공식 유치 의사를 냈어. 당시 전국 경제인 연합회 회장인 정주영 현대그룹 회장에게 임무를 주며 "창피만 당하지 말라"라고 당부했대. 하지만 정주영 현대그룹 회장은 끝내 유치에 성공했어. 올림픽의 성공적 개최를 위한 예행연습 명목으로 1986년 아시안 게임도 유치하지. 올림픽이 유치되는 장면은 전국을 뒤흔들었고, 신군부에 대한 부정적인 시선도 줄여 주었어.

스포츠 효과를 톡톡히 본 전두환 정권은 국민의 관심을 계속 붙

서울 종합 운동장 야구장 개장 기념 경기

잡아 둘 수단이 필요했는데, 프로 야구가 이 역할을 충실히 해내는 신의 한 수였어. 프로 야구 창설은 야구인들의 숙원 사업일 만큼 큰 프로젝트였거든. 이미 여러 번 추진되었지만 이번에는 정부가 나섰기에 일사천리로 진행되었어. 1982년 6개 지역에 연고를 둔 6개 구단이 창설되었고, 1982년 3월 27일에 역사적인 개막 경기를 가졌지. 이후 1983년엔 프로 축구와 프로 농구, 프로 씨름이 개설되었고, 1984년에는 프로 배구의 시대가 본격적으로 열리게 되었어.

1988년 서울 올림픽 성화

전두환 정권은 '정의사회' 구현을 위한다며 불량배 소탕 작전으로 삼청 교육대를 만들었어. 당시 기록에 따르면 1980년 8월부터 11월까지 3개월에 걸쳐 불량배 80만 명을 단속했대. 이들을 다시 분류해서 A급은 군사재판 또는 검찰 인계, B급은 순화 교육 후 근로 봉사, C급은 순화 교육 후 사회 복귀, D급은 훈방 조치를 했어. 그런데 마구잡이로 붙잡아 갔다는 게 문제였어. 공무원 할당 때문에 버스 정류장에 있다가 잡힌 사람도 있었대. 엄혹한 순화 교육을 받아도 주홍글씨처럼 새겨진 수료증을 항상 가지고 다녀야만 했어.

힘으로 엄폐한 진실

1983년 10월 9일 오전 10시 30분, 미얀마 독립 영웅 아웅 산 장군 묘소에 서석준 부총리를 비롯한 한국 정부의 고위층들이 줄지어 서 있었어. 참배를 위해 곧 도착할 전두환 대통령을 맞기 위해서였지. 이때 폭탄이 터졌어. 17명이 현장에서 죽고 15명이 다친 이 사건이 바로 '아웅 산 묘역 테러 사건'이야.

한국으로서는 엄청난 희생을 치른 이 테러는 미얀마 사람이 저지른 사건인 듯하지만, 사실 북한이 범인이었어. 이때 미얀마는 북한과 매우 가깝게 지내는 나라였고, 국제적으로 자유주의인 미국이나 사회주의인 소련 편에 서지 않고 중립을 지키는 주요 비동맹국이었거든. 한국은 좋은 관계를 맺을 필요가 있었고, 반대로 미얀마도 한국과의 경제적 실익이 필요했어. 그래서 전두환 대통령이 방문한 거야.

미얀마에 가기 전에 북한의 테러 위험이 있으니 가지 말라는 건의도 있었대. 그러나 체제 우위를 보여줄 겸 당당하게 테러 위협을 돌파하고, 외교에서 북한을 고립시키는 효과까지 기대하며 밀어붙였나 봐.

그날 전두환 대통령을 아웅 산 묘까지 수행하려던 미얀마 외무장관 차가 고장이 나서 출발이 늦어졌대. 그런데 공교롭게도 예정된 시간에 태극기를 단 벤츠에서 이마가 벗겨진 한국 미얀마 대사가 묘소 앞에 내렸어. 테러범들은 이 사람을 전두환으로 착각하고 폭탄을

터뜨린 거야. 전두환 대통령은 무사했지.

11월에는 미국의 로널드 레이건Ronald W. Reagan 대통령이 한국을 방문해 최전방 시찰 퍼포먼스를 보여 주었어. 한미동맹의 군건함을 과시한 거지. 아웅 산 테러 사건으로 자칫 경색될 수 있었던 남북 관계를 더 악화시키지는 않았어.

1984년 여름, 사망자 189명, 실종자 150명, 부상자 103명, 이재민 23만 명이라는 극심한 피해를 끼친 집중호우가 한국을 뒤덮었어. 이때 북한이 적십자사를 통해 남한에 쌀 5만 석(약 7800톤)을 지원하겠다고 제의해 왔어. 한국 정부는 그걸 전격 받아들이고 남북 관계의 물꼬를 틀었어. 덕분에 1984년 적십자 본회담, 1985년 이산가족 고향 방문, 예술공연단 교환 방문 등의 행사가 성사되었지.

남북 간 해빙 분위기는 여기까지였어. 1986년 5월 3일 재야 및 학생 운동권에서 국민 헌법 제정과 헌법 제정 민중 회의 소집을 요구하는 '5·3 인천 민주 항쟁'을 전개했고, '반외세·자주화, 반독재·민주화, 조국 통일'이라는 3대 구호를 내걸고 10월 28일부터 사흘간 '10·28 건국대 항쟁'이 일어나면서 국내 상황이 녹록하지 않게 되었거든.

이때 전두환 정부는 대통령 직선제 개헌에 대해 국민적 열망이 타오르던 것을 우려해 국면 전환 카드로 '평화의 댐'을 건설하겠다고 발표했어. 북한이 서울 올림픽을 방해하려고 '금강산댐'을 건설해 무려 200억 톤의 수공을 펼쳐서 서울을 물바다로 만들 거라며 공포심

박종철 열사 고문치사 사건에 항의하는 시민들(위)과 이 사건을 다룬 영화 (1987) 스틸 컷

을 조장했어. 당시 텔레비전에서는 종일 63빌딩이 절반이나 물에 잠기는 모습, 서울의 건축물이 물에 잠기는 모형을 보여 주었다고 해. 그런데 평화의 댐이 있으면 이 모든 걸 막으면서 역으로 공격도 가능하다고 한 거야. 결국 국민 모금으로 강원도 화천에 평화의 댐을 건설하게 되었어.

1987년 1월 14일에는 "책상을 탁 치니 억 하고 죽었다"라는 말로 기억되는, 박종철 열사 고문치사 사건이 터져. 경찰은 서울대 운동권 막후 실세였던 박종운의 소재를 캐기 위해 후배인 언어학과 박종철을 서울 남영동 대공분실로 연행했어. 수사관은 박종운의 소재를 대라고 윽박지르고 물고문까지 해대다 결국 목숨을 앗아 가는 범죄를 저지르지.

더 가관인 건 이 진실을 은폐하기 위해 온갖 계략을 다 썼다는 거야. 민주화운동가 이부영이 교도소에 갇힌 수사관들의 불만 섞인 진실을 듣고는 친한 교도관을 통해 민주화운동가 김정남에게 쪽지를 보냈고, 김정남은 그 사실을 천주교 정의 구현 전국 사제단에 전달했어. 5월 18일 천주교 정의 구현 전국 사제단이 박종철 열사 고문치사 사건의 진상이 조작됐다는 성명서를 발표해서 전국이 발칵 뒤집혔지. 자세한 내용을 알려면 영화 〈1987〉을 보면 좋을 것 같아. 꼭 보길 추천해.

민주주의를 찾아서

이런 일련의 상황 속에서 1987년 6월 10일, '박종철 열사 고문치사 사건 은폐 조작 규탄 및 민주 헌법 쟁취 국민대회'가 예정돼 있었어. 하루 앞서 연세대에서 출정식이 열렸지. 이때 연세대 2학년 이한열이 진압 경찰이 쏜 최루탄에 맞아 쓰러져. 동료의 부축을 받는 이한열 열사의 피 흘리는 사진이 전 세계 외신에 타전되며 국제적 반향을 불러일으켰지.

이런 상황 속에서 '6·10 국민대회'는 예정대로 열렸어. 박종철과 이한열 열사의 희생에 국민의 분노는 하늘을 찔렀지. 여기에다 전두환 대통령이 개헌 논의를 늦추겠다고 발표한 '4·13 호헌 조치'까지 겹쳤어. 남은 임기가 1년이 안 되므로 임기 중 개헌이 불가능하다는 핑계를 댄 거야. 직선제가 물 건너갔다는 낭패감을 느낀 국민들의 선언문을 보면 그 마음을 바로 알 수 있어.

"오늘 고 박종철 군을 고문살인하고 은폐 조작한 거짓 정권을 규탄하고 국민의 여망을 배신한 4·13 폭거가 무효임을 선언하는 우리 국민의 행진은 이제 거스를 수 없는 역사의 대세가 되었다."

이 국민대회는 이전에 있었던 시위들과는 달랐어. '넥타이 부대'로 일컬어지는 30대 화이트칼라 직장인들이 퇴근길에 대거 집회에 참여

이한열 열사 추모 군중

한 거야. 학생 시절 치열하게 데모했더라도 직장인이 되면 소극적으로 변하는 게 일반적이지만 인권을 짓밟는 정권의 무도함에 공분했던 거지.

시위에는 농민과 학생 등 다양한 시민들이 참여했고, 전국에서 동시다발로 전개되었어. 당시 전국에서 일어난 시위가 총 2145회였대. 정부는 차량 경적 시위를 막기 위해 택시나 버스의 경적을 제거하는 한편 경적을 울리면 잡아넣겠다고 협박했어. 지하철은 시위가 열리는 시청역 같은 곳은 급하게 통과해버렸고, 경찰은 강압적인 원천 봉쇄와 국민 운동 본부 간부들을 체포하면서 시위는 어느 정도 줄어드는 듯했어.

하지만 이런 정부의 무도한 탄압은 되레 시민들을 자극해서 시위는 더욱 활활 타올랐고 29일까지 이어졌어. 29일까지만 이어진 이유는 전두환 대통령의 후계자인 노태우가 항복을 선언했기 때문이야. 6월 민주 항쟁이 시작되던 6월 10일에 민정당 노태우 대표는 전당대회에서 대선 후보로 선출되었어. 그런데 시위가 끝나지 않을 것 같아서 승부수가 필요했어.

노태우는 전두환 대통령에게 건의하는 형식을 빌려 시국 수습 방안을 발표해. 대통령 직선제를 포함해서 재야 세력이 주장해 온 헌법 개헌 등 민주화를 위한 요구를 대폭 수용하겠다는 '6·29 민주화 선언'이었지. 그런데 이 선언이 전두환 대통령과 노태우가 짜고 진행한 '속이구 선언'이라는 비아냥이 떠돌았어. 전두환 대통령은 6월 민주 항쟁 때 비상 계엄을 선포해 진압하려고 했었지만 노태우의 선언으로 항복하는 척하면서 민정당의 정권 연장을 도모하려는 음모가 아니냐는 것이었지. 그 비아냥은 현실이 되었어. 그래도 대통령 직선제 개헌이 이루어졌고, 1987년 노태우와 삼김이 대통령 직선제 등을 담은 헌법 개정에 합의하면서 '87년 체제♦'가 만들어졌어.

운이 좋았던 노태우

많은 국민이 열망하던 직선제를 쟁취했지만 정권 교체가 평화적으로 이루어지진 않았어. 1987년 12월 16일에 치러진 대통령 선거에서 노태우가 어부지리로 당선했거든. 대통령 선거라고 하면 단 1초의 망설임도 없이 회자되는 삼김과 비교했을 때 당시 노태우는 군 출신의 신출내기 정치인이어서 위협적인 존재가 아니었어. 게다가 오랜 동지이자 경쟁자로 통일민주당을 함께 만든 김대중과 김영삼이 단일화할 거라는 데 이의를 다는 사람이 거의 없었거든. 그래서 야당 후보의 당선은 떼 놓은 당상이었어.

87년 체제

1987년 전두환 대통령의 대통령 간선제를 유지하겠다는 '4·13 호헌 조치'에 맞서 '6월 민주 항쟁'이 일어나자, 노태우 민정당 대표가 '6·29 선언'을 통해 직선제 개헌을 받아들였다. 이 결과물로 쟁취한 5년 단임의 대통령 직선제 개헌으로 이루어진 헌정 체제를 말한다.

김대중, 김영삼 그리고 노태우(왼쪽부터)

그런데 대선 후보와 국회의원 공천권을 두고 합의가 이루어지지 않아 양김의 관계는 점점 악화되었어. 결정적으로 이들의 관계에 종지부를 찍은 것이 10월 25일 고려대 시국 토론회였어. 이날 시국 토론회 참석자들은 단일화 발표가 나오는 줄 알고 엄청나게 기대했어. 하지만 김영삼을 향한 야유와 김대중에 대한 환호가 겹치면서 두 사람은 단일화의 강을 건너지 못했지. 이후 김대중은 통일민주당을 탈당하고 평화민주당을 창당했어.

이렇게 4명이 출마한 대선에서 양김의 분열로 노태우 후보가 828만 표를 얻어 36.4퍼센트의 지지율로 당선되었어. 김영삼의 633만 표와 김대중의 611만 표를 합하면 약 1200만 표야. 산술적 합산이 꼭 맞는 건 아니지만 단일화했다면 충분히 승산이 있는 선거였지.

이 결과는 야당에게 천추의 한으로 남았어.

전두환 전 대통령에게 제6공화국 노태우 대통령의 취임은 안전판 같은 것이었어. 함께 쿠데타를 했으니 노태우 대통령에게는 전두환 전 대통령의 안전을 보장해 줄 필요가 있었지. 그런데 이후 흐름은 전혀 달랐어.

올림픽 때문에 참았던 민심은 서울 올림픽이 성공적으로 개최되고 다시 들끓기 시작했어. 그런데 민정당은 대통령 선거에서 이긴 여세를 몰아 안정적인 과반을 확보할 수 있다고 생각해 야당과 중선거구제를 논의하고 있었음에도 소선거구제를 채택해. 이 자만은 국회의원 299석 중 반도 못 미치는 125석이라는 결과를 만들었어.

이제 '여소야대'가 된 국회에서 야당은 무슨 일이든 추진할 수 있게 되었어. 야당은 신군부의 아킬레스건인 '5공 비리 특별 조사 위원회(이하 5공 비리 특위)'를 설치하고 신군부 조사에 나섰지. 일해재단 비리, 광주 민주화 운동 진상 조사, 언론 기관 통폐합 문제 등을 조사했어.

1988년 11월 2일부터 시작된 1차 5공 비리 특위는 청문회 상황을 텔레비전으로 생중계했어. 전두환 전 대통령은 11월 23일에 사과와 동시에 재산을 헌납하고 강원도 설악산 백담사로 떠났고, 1차 청문회는 전두환 전 대통령의 출석 없이 끝났지. 국민들은 증언대에 선 전두환 전 대통령을 보고 싶었는데 그러지 못해 실망했다고 해.

1989년 2월 민정당은 5공 비리 특위를 종결하며 회의에 불참하는 등 온갖 방해를 하며 2차 청문회를 무기한 연기시켰어. 그러다 10월

이 되어서야 여야가 전두환 전 대통령을 증인으로 채택하는 것에 합의했고, 12월 31일부터 광주 특위와 5공 비리 특위 합동 회의를 개최하게 돼. 증언대에 선 전두환 전 대통령이 군의 발포는 자위권이라는 변명으로 일관하자 어느 초선의원이 명패를 던지며 단상으로 뛰어 올라 격렬하게 항의했는데, 그는 나중에 얘기할 청문회의 스타, 노무현 의원이었어.

전두환 전 대통령은 믿었던 후계자 노태우 대통령에게서 배신감을 느꼈을 거야. 물론 노태우 대통령이라고 일부러 그랬을 것 같진 않고, 자신의 의지와는 다르게 움직이는 정치판을 어떻게 할 수 없었겠지. 그게 바로 민주주의이고, 그래서 그토록 국민이 쟁취하려고 했던 거니까.

빗장을 풀고 잡은 손

1988년 7월 7일, 노태우 대통령은 서울 올림픽을 앞두고 '민족 자존과 통일 번영을 위한 대통령 특별선언'인 소위 '7·7 선언'을 발표했어. '7·7 선언'은 과거 중앙유럽 공산주의 국가들과의 화해 정책인 서독의 '동방정책'에서 아이디어를 얻었다고 해. 남북 관계를 "적대적 원수 관계에서 동반자적 화해 관계"로 전환하고, 대공산권 외교도 적극적으로 추진하겠다는 것이었지.

김일성 주석(왼쪽)을 만나 박용수의 《겨레말사전》을 선물한 문익환 목사

1989년 9월 11일 노태우 대통령은 '한민족 공동체 통일 방안'도 발표했어. 1982년의 '민족 화합 민주 통일 방안'을 보강한 것으로, '자주·평화·민주' 3원칙을 천명한 거야. 북한의 연방제 통일안과 비슷하다는 평가가 있었어.

이 선언들은 대북 포용 정책의 출발점으로 기능했고, 남북 관계의 새로운 전환점이 되었어. 특히 이때 작가 황석영을 비롯해서 문익환 목사, 대학생 임수경 등이 북한을 전격적으로 방문해.

1988년 7월 2일 진보적 문학 단체인 민족 문학 작가 회의(이하 작가 회의)가 남북 문학 예술 교류를 위해 북한에 '남북 작가 회담'을 전격 제의했어. 북한의 조선 작가 동맹은 1989년 2월이 되어서야 화답해 왔어. 이에 작가 회의 민족 문학 연구소장 황석영 작가가 3월

20일 베이징공항에서 조선민항기에 탑승하지.

닷새 뒤인 3월 25일, 전국 민족 민주 운동 연합(이하 전민련) 상임 고문 문익환 목사도 평양공항에 모습을 드러내. 문익환 목사는 절친했던 장준하의 의문사를 계기로 민주화 운동에 투신한 운동권 대부였어. 그의 방북은 1988년 김일성 주석이 신년사를 통해 했던 초청에 응한다는 취지의 방북이었지.

1989년 6월 30일에는 한국외국어대에 다니는 임수경이 평양공항에 도착했다는 소식이 전 세계에 타전됐어. 당시 평양에서 열리는 세계 청년 학생 축전에 전국 대학생 대표자 협의회(이하 전대협)의 대표로 참석한 거야. 임수경은 평양에서 청바지에 면티를 입고 자유분방한 모습을 보여 주었어. 이는 북한 사회에 신선한 충격을 주었고, 실질적으로 남과 북 모두에게서 '통일의 꽃'이라는 별명을 얻으며 임수경은 하나의 상징이 되었지. 그런데 임수경의 귀국에 문제가 생겨 천주교 정의 구현 사제단은 문규현 신부를 북한에 파견했고, 이들은 함께 판문점을 걸어서 남쪽으로 귀환했어.

이때 이른바 '북방 외교'도 시동이 걸렸어. 북방은 소련과 중국을 지칭하는 말이야. 한국은 먼저 1991년 9월에 소련과 수교를 했어. 소련은 1991년에 '8월 쿠데타'를 계기로 해서 12월 25일에 해체되어 러시아가 되지만, 북한과 밀접한 관계가 있는 사회주의 종주국이었잖아. 소련의 서울 올림픽 참가와 1989년 미국과 소련이 냉전 종식을 선언한 회담인 '몰타 회담'의 여파로 양국 간 우호관계가 만들어지기 시작했어. 수교 후 두 나라는 여러 분야에서 활발하게 교류를 계속했는데, 특히 우주 개발 협력은 한국이 자력으로 인공위성을 쏘아 올릴 수 있도록 발전한 계기가 되기도 했어.

중국과의 수교는 엄청난 나비효과를 일으켰어. 해방 직후부터 6·25 전쟁 때 북한을 지원하며 적대 관계였던 중국과의 관계가 단절된 상태였지만, 수교를 통해 변화가 시작된 거지. 그러다가 중국 역시 서울 아시안 게임과 서울 올림픽 참가를 계기로 우호적인 입장이 생겼고, 러시아와 수교했던 경험으로 노태우 정부는 주저하지 않고 중국과 관계를 개선하려 했어. 1990년부터 무역대표부를 설치해 교류를 시작했고, 1992년 8월에 외교 관계 수립에 합의했어. 중국의 잠재적 시장 가치가 막대하다는 데서 한국의 이해가, 한국의 경제 발전 모델을 벤치마킹할 수 있다는 데서 중국의 이해가 맞아떨어진 수교였지. 그 결과 중국이 우리의 최대 교역 국가가 되었어.

유엔 남북 동시 가입도 노태우 정권의 치적으로 꼽을 수 있지. 유엔 가입은 정부 수립 후 국가적 과제였으나 당시 안보리 상임이사국이자 북한의 후견인 역할을 하던 소련의 거부권 행사로 번번이 좌절됐어. 그러다가 소련과 관계를 개선하고 북한도 설득해서 남북한 동시 가입을 추진한 거야. 1991년 제46차 유엔총회 개막 첫날에 한국은 161번째, 북한은 160번째로 유엔 회원국이 되었어.

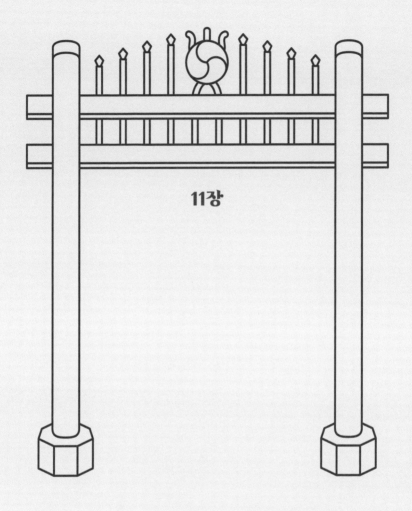

11장

김영삼은 어떻게
문민 시대를 열었을까

김영삼의 문민 시대

1990년, 엄청난 뉴스가 정치계를 발칵 뒤집었어. 노태우의 민정당, 김영삼의 통일민주당, 김종필의 신민주공화당이 합쳐 '민주자유당(이하 민자당)'을 만들겠다는 소식이었던 거야. 이 합당은 호랑이를 잡으러 호랑이굴로 들어가는 김영삼의 승부수였어. 대통령병에 걸렸다던 김영삼이 자력으로는 도저히 대통령이 될 수 없다는 현실적인 판단에서 비롯된, 그들의 표현을 빌려 말하자면 '구국의 결단'이었지.

그런데 1992년 총선에서 민자당이 과반 확보에 실패하자, '삼당합당'의 후유증은 김영삼의 위상부터 흔들었어. 삼당합당 과정에서 의원내각제에 합의하겠다고 비밀리에 서명했던 '내각제 합의문'까지 수면 위로 올라오면서 신군부와 민주화 세력의 화학적 결합은 실패하는가 싶었지. 하지만 김영삼은 특유의 뚝심으로 반발을 누르고 민자당 대통령 후보가 되었어.

김영삼은 1992년 12월 18일에 치러진 제14대 대통령 선거에서 영원한 라이벌 김대중과 다시 맞붙었어. 지역감정까지 부추기는 혼탁한 선거 끝에 결국 김영삼은 193만 표 차이로 당선되었어. 김대중은 이튿날 정계 은퇴를 발표했고, 이듬해 1월 영국 케임브리지대학교 객원교수가 되어 런던으로 떠났어.

1993년 2월 25일 김영삼 대통령은 취임하자마자 정부 이름부터 정해. 이전 정부에서는 없었던 일이지만 새 정부의 정체성을 분명히 하는 차원에서 정부 이름을 '문민 정부'라고 지었어. 이 정체성은 '군부'와 '문민' 통치를 구분하는 시대구분선으로 작동하며 한국 현대사에 새로운 이정표를 새겼지.

김영삼 문민 정부 개혁의 첫 단추는 하나회부터 없애는 것이었어. 취임 직후인 3월 8일 아침 7시 반, 김영삼 대통령은 권영해 국방부 장관에게 육군 참모총장과 기무사령관을 비하나회로 교체하겠다고 해. 그 소식을 들은 권영해 국방부장관 말고도 여럿이 놀랐대. 하나회 핵심인 이들을 쉽게 교체하지 못한다는 걸 알 만한 사람은 다 알고 있었기 때문이야.

김영삼 대통령에게 하나회는 눈엣가시였거든. 그래서 제거해야겠다고 마음먹었고, 틈을 주지 않고 기습적으로 해야 성공하겠다고 생각했어. 얼마나 기습적이었는지 다음날 청와대 수석회의에서 김영삼 대통령은 참석한 모두에게 "놀랬제"라고 물었다고 해.

문민 정부의 개혁은 일사천리로 진행되었는데, 그중 '금융 실명제'도 꼭 짚고 넘어가야 할 업적이야. 지금은 당연하지만, 당시에는 은행에서 차명 또는 가명으로 통장 개설이 가능해서 경제가 투명하지 않았어. 1992년 한국 지하 경제 규모는 GDP의 29.1퍼센트에 달할 정도였대. 김영삼 대통령은 누구보다 금융 실명제가 필요하다고 생각했던 터라 극비리에 추진했어. 금융 실명제를 실시하겠다는 정보가 새 나가는 순간 실시 자체를 장담할 수 없게 되거든. 부정한 돈을 가진 자들이 미리 손을 쓰기 때문이지. 그래서 극비리에 하되, 은행이 영업하지 않는 시간을 골라 전격적으로 할 수밖에 없었어.

1993년 8월 12일 목요일 오후 7시 45분, 김영삼 대통령이 특별담화문을 통해 금융 실명 거래 및 비밀 보장에 관한 대통령 긴급 재정경제 명령을 발동했어. 이 시간 이후 모든 금융 거래는 실명으로만 이루어져야 한다는 것이었지. 김영삼 대통령의 비장한 특별 담화는 지켜보던 국민을 순간 얼어붙게 했어. 도대체 무슨 말인지도 모르겠고, 또 은행에 저축한 내 돈은 어떻게 된다는 건지 알지 못했지. 하지만 아직까지도 김영삼 대통령의 금융 실명제는 좋은 정책이었다고 평가받고 있어.

김영삼 대통령의 또 다른 성과로는 '지방자치제 완전 실시'야. 대선 공약이면서도 김대중의 강력한 요구도 있었기에, 김영삼 대통령은 강력하게 추진했지. 이미 새 헌법에 따라 1991년에 시·군·구 의회 의원을 선출했긴 하지만 지금과 같은 온전한 자치제는 1995년 6월 27일 광역단체장과 기초자치단체장, 광역지방의회 의원과 기초자치단체 의원 등 4대 전국 지방 선거가 실시되면서부터 시행되었어.

비극적인 과거를 청산하다

김영삼 대통령은 '한국 근·현대사의 어둡고 비극적인 과거 청산'을 공약으로 내세울 만큼 역사 문제에 관심이 많았어. 그래서 문민 정부는 조선총독부 건물을 전부 해체했어.

1995년 3월 1일, 김영삼 대통령은 광복 50주년이 되는 8월 15일부터 조선총독부 건물을 본격 해체한다고 공식 발표했어. 그리고 광복절 날 오전 9시, 고유제를 시작으로 기중기가 이 건물의 상징과도 같은 첨탑을 해체했지. 조선총독부는 우리의 아픈 역사를 상징하는 부정적인 건축물이잖아. "하늘에서 보면 '날 일日' 자로 일본을 상징한 이 건물을 뜯어내어 민족 정기를 바로 세우니 가슴이 후련하다"라며 국민들은 후련해 했어.

김영삼 대통령은 또 12·12 사태나 5·17 정변 같은 문제도 청산의 대상으로 보았어. 그런데 1995년 10월 박계동 의원이 노태우 전 대통령 비자금을 공개했어. 김대중 총재도 대선 자금 수수를 고백하자 정치권이 발칵 뒤집히며 '대선 자금 파동'이 일어났고 수사가 진행되

해체되기 전의 조선총독부 건물(위)과 해체되는 조선총독부 건물

었어.

11월 1일 노태우 전 대통령이 피의자 신분으로 대검찰청에 소환 되어 구속되었지. 그러자 김영삼 대통령은 5·17 정변 관련자 처리를 위한 특별법 제정에 나섰어. 그런데 하지만 검찰은 이미 "성공한 쿠 데타(내란)는 처벌할 수 없다"라는 논리로 '공소권 없음' 처분을 내렸 기 때문에 이 상황은 매우 난처했어.

하지만 검찰은 특별 수사 본부를 설치해 본격적인 수사에 돌입하 지만 전두환 전 대통령은 이에 반발해 연희동 집 앞에서 '골목 성명' 을 통해 문민 정부를 비난하고 고향인 경남 합천으로 도망쳤어. 결 국 뒤쫓아 간 검찰에 체포되어 구치소에 수감되었지.

전두환 전 대통령과 노태우 전 대통령은 삼당합당을 들먹이며 김 영삼 대통령이 누구 덕에 대통령이 되었냐며 반발했어. 이에 김영삼 대통령은 "국민 덕에 대통령이 된 것"이라며 배신론을 일축했지. 이 두 전직 대통령의 구속은 국민의 한을 풀어 주는 역할을 했어.

두 전직 대통령에 대한 문민 정부의 단죄는 이렇게 시작됐어. 12월 김영삼 대통령이 제정에 적극적이었던 '5·18 광주 민주화 운동 등에 관한 특별법'이 국회를 통과했지. 이들이 대통령 재임 동안 실질적으 로 12·12 사태나 5·18 광주 민주화 운동에 대한 소추가 불가능했기 때문에 수사할 수 없었거든.

1996년 1월 대검 특별 수사 본부는 55일간의 수사를 마무리하고 전두환과 노태우 등 두 전직 대통령을 비롯한 관련자들을 구속 기소했어. 죄명은 뇌물 수수와 군형법상 반란죄로, 전두환에게는 무기징역과 추징금 2205억 원, 노태우에게는 징역 17년 6월과 추징금 2628억 원이 확정되었어.

한국 현대사는 두 전직 대통령에 대한 단죄가 합당하냐 아니냐를 떠나, 헌법을 유린하면 전직 대통령도 법의 심판을 받는다는 추상같은 전통을 만들었어. 물론 이들이 감옥에 들어간 지 얼마 되지 않아 조기 석방이나 사면 복권 얘기가 심심찮게 나왔어. 그러다 1997년의 대선 국면에서 여야를 막론하고 누구랄 것도 없이 두 전직 대통령에 대한 사면 복권을 공약으로 내세우는 역사의 퇴행이 일어났지. 실제 이들은 김영삼 대통령에 의해 1997년 12월 모두 특별 사면되었어.

많은 국민은 실망했어. 어떻게 이들을 단죄했는데, 감옥에서 제대로 반성할 시간도 갖지 않은 상태에서 사면 복권이라니. 그렇게 이들은 진심 어린 반성은커녕 사과조차 하지 않고 이승에서의 삶을 끝냈어. 전두환 전 대통령은 생전에 호화로운 생활을 하면서도 추징금을 내지 않았고, 이게 문제가 되자 통장에 29만 원밖에 없다며 되레 큰 소리로 대응했어. 이런 뻔뻔함이 그간 있었던 문제들을 상징하지. 갈등과 분열은 고스란히 국민의 몫이었어.

한국 경제에 드리운 그림자

1990년대에 들어서면서 세계 경제에 빨간불이 켜져. 특히 일본 경제가 침체기에서 벗어나지 못하면서 아시아 경제는 동시에 침체되었지. 그런데도 우리는 대만·홍콩·싱가포르와 함께 아시아의 네 마리 용 중 선두주자였어.

이런 상황이다 보니 외국의 투기자본들이 많이 들어와 있었어. 투기자본은 말 그대로 돈 버는 데만 관심이 있을 뿐 투자한 회사나 나라의 경제 발전 따윈 고려하지 않지. 특히 1993년부터 외채 도입을 쉽게 해 주는 제도가 도입되면서, 이자가 상대적으로 낮은 나라들에서 자본이 대거 유입되었고, 그 중에서도 일본 자본이 많이 들어왔어.

그런데 1997년 여름부터 일본 자금을 중심으로 외화가 빠져나가기 시작했어. 빌려준 돈을 받기 어려워 보인다는 판단 때문이지. 조금 높은 이자를 받으려다가 자칫 원금까지 까먹을 수 있겠다 싶었던 거야. 그런데 잘나가던 신흥공업국인 한국의 신용이 왜 추락한 걸까?

시작은 1997년 1월 23일, 재계 서열 18위였던 한보그룹이 부도를 내면서 한국의 경제에 적신호가 켜져. 대기업의 파산이었기에 파장이 이만저만이 아니었어. 한보그룹은 공중분해되었고, 돈을 빌려준 금융기관들은 부실채권을 떠안았지. 한보그룹은 짧은 기간에 폭풍 성장한 그룹으로, 마구잡이식으로 회사를 만들고 사들였어. 문제는 본인이 가진 자본으로 투자하면 되는데 돈을 빌렸기 때문에 문제가 돼. 말하자면 돈을 빌려 회사를 사고, 산 회사가 돈을 빌려서 또 다른 회사를 산 거야. 그런데 그룹이라는 기업 집단으로 묶였을 때, 한 회사가 망하면 모든 계열사가 줄줄이 망하기 때문에 한보그룹의 부도가 도미노 역할을 해서 모든 회사의 부도로 이어지게 된 거지.

문제는 한보그룹의 부도가 한보그룹이 혼자 망하는 것으로 끝나지 않았다는 거였어. 한보그룹처럼 덩치가 큰 그룹은 많은 회사와 직간접적으로 연결되기도 하거니와 금융권의 위기를 불러오거든. 한보의 도산은 기아자동차 같은 이 땅의 수많은 대기업이 쓰러지는 도미노의 출발선이었어. 이때 재계 순위 30대 기업 중 11개 기업이 쓰러졌지. 이 같은 상황에서 가만히 있을 외국계 투기 자본이 어디 있겠어. 발 빠르게 투자한 돈을 빼서 도망갈 수밖에 없지. 그렇게 대한민국은 휘청이게 된 거야.

그런데 여기에다 메가톤급 폭탄이 터졌어. 한보그룹 관련 청문회에 나온 정태수 회장 입에서 김영삼 대통령의 둘째 아들을 비롯해서 여러 정치인들의 이름이 거명됐거든. 이들은 수사 끝에 구속되었고 결국 감옥 신세를 졌어.

급기야 외환 보유고마저 바닥이 났어. 나라의 빚이 총 1500억 달러를 넘었는데도 가진 외화는 고작 40억 달러 정도였대. 외환 보유고의 고갈은 국내 금융기관과는 또 다른 차원의 문제야. 해외에서 빌린 돈을 갚지 못하면 국가 신용도가 추락해서 수출로 먹고사는

IMF 구제 금융 신청으로 대한민국은 IMF의 지침에 따라 경제 운영을 해야 했다.

한국에게는 치명타가 되거든. 그래서 국제 통화 기금IMF에서 미국 달러, 즉 외화를 빌려와 위기에서 벗어나야 했어.

1997년 11월 11일, 한국은 결국 IMF에 구제 금융을 신청했어. '한강의 기적'을 일으키며 승승장구하던 한국은 압축 성장의 후폭풍에 제대로 한 방 얻어맞은 거지. 이제 국민은 허리띠를 졸라매는 것으로는 안 되는, 한 번도 겪어 보지 못한 고통 속으로 떨어졌어. 임기 초반 70퍼센트의 지지율을 보이던 김영삼 문민 정부의 인기 역시 6퍼센트로 추락했지.

김대중의 복귀

문민 정부의 대북 정책은 어땠을까? 노태우 정부를 이은 문민 정부이기에 처음에는 이 기조를 이어 가는가 싶었어. 하지만 1993년 북

1994년 평양을 방문한 지미 카터 전 미국 대통령(왼쪽)과 김일성 주석

한이 '핵 환산 금지 조약NPT'을 탈퇴하고 핵무기 개발에 나서는 등 핵 위기가 찾아왔지. 이때 미국의 강경 기조로 한반도에 전쟁이 날 수도 있었다는 후일담이 있기도 해.

이 문제를 해결하기 위해 미국의 지미 카터James E. Carter, Jr 전 대통령이 특사 자격으로 북한을 방문해 김일성과 논의해서 핵 동결에 합의해. 김영삼 대통령은 카터에게 남북 정상 회담 주선을 부탁했고, 곧바로 성사되었어. 대결에서 해빙 분위기로의 급변화에 당황스러웠지만 핵 위기는 일단락되는 듯했지. 하지만 김일성 주석이 1994년 7월 갑작스럽게 사망해서 남북 정상 회담이 무산돼. 이후 문민 정부의 대북 정책은 강경으로 돌아섰어.

문민 정부의 정치 사회적 상황도 점점 안 좋은 쪽으로 흘렀어. 문민 정부가 태생적 한계가 있다는 건 누구나 다 알았어. 삼당합당으로 이념과 철학이 섞여 있었으니, 내부에서 말이 많았을 거야. 특히 김영삼 대통령을 중심으로 한 민주화 세력은 정변 세력인 민정계를 믿을 수 없었어. 그래서 1995년 당명을 '신한국당'으로 바꾸고 두 전직 대통령을 단죄하며 제5공화국의 흔적을 지웠지만, 결국 그해 지방 선거와 총선에서 졌어. 국회는 여소야대가 되었지.

이런 상황에서 1996년을 맞은 문민 정부는 노동법과 안기부법을 통과시켜야 했어. 김영삼 대통령은 여소야대 상황을 극복하지 않고는 어렵다는 판단에서 무소속과 야당 소속 국회의원을 영입해 과반 의석을 확보해.

1996년 12월 문민 정부는 노동법과 안기부법 개정에 모든 걸 걸다시피 했어. 노동법은 복수노조를 허용하는 일부 긍정적인 것도 있었지만, 무노동/무임금·정리해고 등 대부분 재계의 건의를 받아들여 노동자를 옥죄는 내용이었어. 안기부법은 반국가단체에 대한 '찬양고무죄'와 법을 어긴 자를 신고하지 않은 '불고지죄'를 안기부가 수사하도록 하는 거였지.

신한국당은 1996년 12월 26일 새벽, 야당에 알리지 않고 자기들만 단체로 버스를 타고 여의도로 가 법안을 통과시켰어. 이 일로 문민 정부와 신한국당은 내리막길로 접어들었어.

김영삼 대통령의 몰락은 그와 평생 경쟁했던 김대중에게는 큰 기회였어. 하지만 김대중은 1992년 대선에서 진 뒤로 은퇴와 함께 영국으로 떠났잖아. 약 1년 정도의 영국 생활을 마치고 귀국한 김대중은 '아태평화재단'을 설립해 통일 연구에 몰두하고 있었어. 그런데 김영삼 대통령이 몰락하는 걸 보고 김대중은 깊은 고뇌에 빠졌지. 결국 김대중은 은퇴를 번복하고 정계로 돌아가. 그는 곧바로 '새정치국민회의'라는 정당을 만들었어. 그리고 1996년 총선에서 승부수를 던지지. 김대중은 비례대표 14번으로 출마하며 유권자들에게 자신을 당선시켜 달라고 호소했어. 하지만 선거 결과, 13번까지만 당선되었지. 그의 대권에 적신호가 켜지게 된 거야.

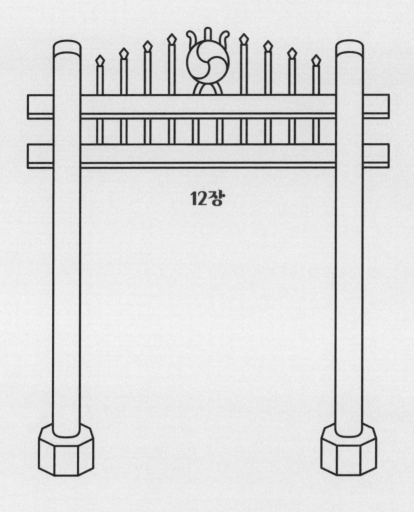

12장

김대중은 왜
은퇴를 번복했을까

뜻을 모은 김대중

김대중(영문 이니셜 DJ)은 국회의원 선거가 뜻대로 되지 않아서 실망했어. 하지만 가만히 있을 순 없으니 특단의 조치를 취했지. 자유민주 연합(이하 자민련)의 김종필(영문 이니셜 JP)과 김대중이 손잡고 'DJP 연합'을 만든 거야.

김대중의 새정치국민회의의 지역 기반은 호남이야. 그렇지만 호남만의 지지로는 대권에서 이길 수 없어. 특히 영남은 김영삼 대통령의 지지층이 두텁기 때문에 충청 표심을 구하는 것에 공을 들여야 했지.

김종필에게도 김대중과의 연합이 나쁜 건 아니었어. 김종필은 박정희와 함께 그의 말대로 '구국의 결단'을 했지만 만년 2인자였고, 김영삼과 삼당합당을 하고도 불화가 있어서 탈당을 했잖아. 그래서 고향 충청도를 기반으로 하는 자민련을 창당했지. 김대중과 김종필은 서로가 서로의 부족한 부분을 채워줄 수 있는 관계였어.

이런 서로의 이해관계가 맞아떨어지면서 물밑 협상이 이루어졌고, 내각제로 개헌한다는 합의에 이르렀어. 내각제 개헌은 평생 신봉론자를 자처해 온 김종필의 마음을 움직일 수 있는 확실한 카드였던 거야. 그리하여 김대중이 대통령 후보, 김종필이 국무총리를 맡되, 경제부처는 총리가 임명권을 갖고 수도권 광역단체장 1명은 자민련이 갖는 것으로 정리되었어. 여기에 포항제철 신화를 썼던 박태준까지 합세하면서 지지세를 대구·경북까지 넓혔지.

이러한 노력으로 1997년 대선에서 김대중이 당선되었어. 사실 지지율 50퍼센트에 육박하던 신한국당 이회창을 이기긴 쉽지 않았어. 이회창은 김영삼 대통령에게 대들면서 '대쪽' 이미지를 쌓아 인기가 좋았거든. 그런데 이회창 아들의 병역 문제와 김영삼 세력의 배신으로 지지율이 떨어져서 김대중이 뽑히게 되었다고도 해.

마침내 김대중은 제15대 대한민국 대통령이 되었어. 김대중 대통령으로의 정권 교체는 노태우 전 대통령에서 김영삼 전 대통령으로 교체된 것과는 의미가 달라. 같은 당끼리의 정권을 주고받는 건 엄밀한 의미에서 교체가 아니라 연장이야. 물론 김영삼은 군부에서 문민으로 바뀌어서 교체라고 할 수는 있어. 하지만 김대중 대통령으로의 교체는 보수의 여당에서 진보의 야당으로 명실상부하게 정권이 교체되는 것이지.

김대중 대통령 취임식

　김대중 대통령은 당선의 기쁨을 누릴 틈이 없었어. IMF 외환 위기부터 해결해야 했거든. 김대중 대통령은 우선 김종필을 국무총리에 앉혀 연립 정부를 구성하고, 정부 이름을 '국민의 정부'로 지었어. 이후 IMF 측에서 외환을 빌려줄 때 요구한 개혁 사항을 하나씩 이행했지. 대표적인 사항으로는 강도 높은 기업 구조 조정, 기업 투명성 강화, 부채 비율 축소였어. 하지만 이런 금융, 기업, 노동, 공공 4대 분야의 개혁은 당사자들의 희생이 있어야 가능해. 왜냐하면 이러한 개혁으로 인해 평생직장에서 해고를 당하거나, 회사가 문을 닫고, 부동산 시장이 폭락하는 등 여러 문제가 생기기 때문이야.

　국민의 정부는 이런 희생을 감수하며 개혁을 밀어붙였고, 국민도

1998년 금 모으기 운동

자발적으로 협조했어. 당시에는 경제를 살리기 위해 국민들이 자발적으로 금을 나라에 모아 주는 '금 모으기 운동' 같은 단합이 있기도 했지. 장롱 속 결혼반지나 아이들 돌반지도 다 내놓았어.

특히 국민의 정부는 IMF 외환 위기를 극복하기 위해 정보기술IT을 바탕으로 하는 벤처기업 육성에 적극적으로 나섰어. 벤처기업은 창조적 아이디어와 첨단 기술을 바탕으로 도전적인 사업을 운영하는 신생 중소기업을 의미해. 지금 전 세계를 선도하는 한국의 IT 산업이 IMF 외환 위기 때 기반을 다진 거야. 그리고 여러 노력을 한 끝에 한국은 여전히 힘들어 했던 주변국들과 다르게 4년 만에 IMF 외환 위기에서 벗어날 수 있었어.

한편 국민의 정부는 문화 부분에도 많은 관심을 기울였어. 특히 일본 문화 개방이 대표적이야. 그동안 대일항쟁기에서 비롯된 '가깝고도 먼 나라'라는 국민적 감정과 일본 문화의 퇴폐성으로 인해 일본 문화의 합법 유통이 금지되었어. 그런데 막으니 더 궁금했던 터라 한국에서는 '해적판' 같은 불법 유통이 성행했지. 이러한 모습을 본 김대중 대통령은 우리 문화의 우수성을 강조하면서도 해외 문화의 수입을 허용했어. 결과적으로 한류 문화가 시작되는 계기였고, K-콘텐츠의 힘을 키운 셈이야.

남북 정상 회담이 열리다

김대중 대통령이 실시한 대북 정책은 '햇볕 정책'인데, 이솝 우화 '북풍과 태양' 이야기에서 그 이름을 따온 거야. 나그네의 코트를 벗기기 위해서는 바람을 더 세게 부는 것보다 햇볕을 쬐어 따뜻하게 하면 나그네 스스로 코트를 벗는다는 뜻이지. 북한과의 관계도 이처럼 전쟁보다는 평화를 지향해야 한다는 의미로, 정식 명칭은 '대북 화해 협력 정책'이야.

이 정책은 '평화, 화해, 협력'이라는 3가지 개념을 바탕으로 북한의 무력 도발을 허용하지 않고, 남한은 흡수 통일을 시도하지 않으며, 남한은 화해와 협력을 추진한다는 의미를 가지고 있어. 남북한 협력을 강화해서 통일을 하겠다는 의미지. 김대중 대통령은 이런 구상을 실천하려면 북한의 김정일 국방위원장을 만나야 한다고 생각했어.

하지만 이 무렵 남북 관계는 순탄하지 않았어. 1998년 8월 북한이 대포동 1호 탄도탄을 발사했고, 1999년 6월 15일에는 서해 북방한계선NLL을 넘어 한국 영해를 침범한 북한 측이 연평도 근해에서 우리 함정에 먼저 25mm 기관포를 발사하며 제1 연평해전을 일으키더니, 9월에는 NLL마저 부정했어.

그런데 2000년 3월 9일, 유럽 순방 중 김대중 대통령이 한반도 평화 정착을 위한 '베를린 선언'을 발표하면서 남북간 대화의 물꼬를 텄어. 화해와 협력을 위한 남북 당국간 회담을 제의했지. 북한에서는 정상 회담도 가능하다고 답한 거야. 이후 정주영 현대그룹 명예회장이 두 차례에 걸쳐 '소 떼 방북'을 했어. 어릴 때 아버지의 소 판 돈을 들고 가출했는데 이를 갚는 심정으로 소를 몰고 북한으로 갔다고 해. 정주영 명예회장은 김정일 국방위원장을 만나 남북 경협 사업까지 합의했어. 이렇게 남북 정상 회담이 성사됐고, 2000년 6월 15일 평양에서 하기로 결정되었어. 김대중 대통령은 2000년 6월 13일 평양 순안공항에 도착하면서 이렇게 말했대.

"반세기 동안 쌓인 한을 한꺼번에 풀 수는 없을 것입니다. 그러나 시작이 반입니다."

평양에 도착해서도 우여곡절이 많았어. 북한이 김일성의 시신이 안치된 금수산 태양 궁전 참배를 끈질기게 요구했거든. 만약 김대중 대통령이 참배를 간다면, 김대중 대통령에게 보수 진영에서 '빨갱이' 딱지를 붙일 게 뻔했어. 하지만 참배하지 않기로 하면서

정주영 회장이 트럭에 태워 북한으로 보낸 소 500마리

난관을 돌파했고, 정상 회담에서 '6·15 남북 공동 선언'이라는 합의를 이루어 냈어.

❶ 남과 북은 나라의 통일 문제를 그 주인인 우리 민족끼리 서로 힘을 합쳐 자주적으로 해결해 나가기로 했다.

❷ 남과 북은 나라의 통일을 위한 남측의 연합 제안과 북측의 낮은 단계의 연방 제안이 서로 공통성이 있다고 인정하고 앞으로 이 방향에서 통일을 지향시켜 나가기로 했다.

❸ 남과 북은 올해 8월 15일에 흩어진 가족, 친척 방문단을 교환하며 비전향 장기수 문제를 해결하는 등 인도적 문제를 조속히 풀어 나

가기로 했다.

❹ 남과 북은 경제 협력을 통해 민족 경제를 균형적으로 발전시키고, 사회·문화·체육·보건·환경 등 제반 분야의 협력과 교류를 활성화해서 서로의 신뢰를 다져 나가기로 했다.

❺ 남과 북은 이상과 같은 합의 사항을 조속히 실천에 옮기기 위해 이른 시일 안에 당국 사이의 대화를 개최하기로 했다.

남한과 북한은 평화를 길게 유지했어. 1998년에 시작한 금강산 관광 사업을 2008년까지 시행했지. 195만 명이 다녀올 정도로 성황이었어. 금강산 관광 지구에 호텔 등이 들어서서 이산가족 상봉, 남북 장관급 회담, 남북 공동 행사 등을 펼치는 남북 교류 협력의 상징적인 장소가 되었어.

그런데 이런 평화는 2002년 6월 29일, 한일 월드컵의 열기가 뜨겁게 달아오르던 때 일어난 제2 연평해전으로 금이 가기 시작했어. 북한 경비정이 제1 연평해전 때처럼 연평도 북방한계선 부근에서 한국의 해군 고속정을 기습 공격한 거야. 이 교전으로 한국군은 6명이 사망하고 18명이 부상당했고, 북한군은 13명이 죽고 25명이 다쳤어. 그리고 2003년 1월, 북한이 또 핵 확산 방지 조약NPT◆ 탈퇴를 선언하며 2차 핵 위기가 일어나. 이렇게 한국이 긴장하고 있는데 2001년 1월 강경 보수인 조지 부시George Walker Bush가 미국 대통령으로 취임했어. 결국 한반도의 평화적 대북 정책은 움츠러들 수밖에 없었어.

갈라진 DJP 연합

북한과의 문제도 있었지만, DJP 연합의 상황도 크게 바뀌고 있었어. 진보의 김대중 대통령과 보수의 자민련 김종필 사이가 김대중 대통령 집권 2년 차인 1999년부터 흔들리기 시작한 거야. 김대중 대통령이 취임 직후부터 강하게 밀어붙인 '햇볕 정책' 때문이지. 반공이라는 이념을 더 신봉하는 보수 성향의 자민련에게는 곤혹스러울 수밖에 없었어. 아무리 연정이라지만 칼자루를 쥔 건 대통령이기도 하고, 합의 정신 이행이라는 거시적 명분도 있어서 목소리를 크게 낼 수는 없었어.

사실 DJP 연합의 핵심 연결 고리는 내각책임제 개헌이었잖아. 이때까지만 해도 내각제 개헌을 이루기 위해선 합당이 필요하다는 전제 아래 국민회의와 자민련이 합당 얘기를 주고받던 상황이었지.

DJP 연합이 성사될 때인 1997년 11월에는 IMF 외환 위기가 수면 위로 오르지 않았어. 하지만 대통령이 된 김대중에게는 지금 내각제를 개헌하는 것보다는 경제를 개혁하는 게 우선이었어. 김대중 대통령은 이런 현실적 이유를 들어 당장 내각제 개헌을 시행하기는 어

 핵 확산 방지 조약

핵무기를 보유하지 않은 나라가 핵무기를 갖는 것과 핵무기 보유국이 비보유국에 핵무기를 제공하는 것을 금지하는 조약이다.

렵다는 입장을 김종필에게 통보했어. 김종필 역시 이런 어려운 상황에서 개헌 추진은 국론 분열과 국력 소모만 초래한다고 화답하면서 내각제 개헌 문제는 잠시 물밑으로 가라앉았지. 물론 연정에 금은 갔지만 말이야.

2000년 총선이 전환점이었어. 합당의 어려움을 고려해 민주당과 자민련은 연합 공천을 하려 했으나 이것마저 불발되었던 거야. 이건 양보가 있어야 가능하지만, 국회의원들에게 공천은 생명이거든. 결과적으로 자민련은 17석을 얻는데 그쳤어. 국회에서 나름 입지를 가지려면 '교섭 단체'를 구성해야 하는데, 자민련은 이 구성 요건인 20석을 얻지 못한 거야. 그러자 민주당이 '의원 꿔 주기*'로 만들어 주었어. 하지만 그렇게 해도 내각제를 추진하는 것은 불가능해졌어. 소신과 관계없이 무조건 반대가 확실한 야당인 한나라당이 133석을 차지했기 때문이야. 개헌을 하려면 국회의원 3분의 2가 찬성해야 하는데, 야당의 자리가 많아 개헌할 수 없게 된 거지.

이렇게 삐걱거리며 뒤뚱뒤뚱 가던 연정은 2001년 임동원 통일부장관 해임 건의안으로 마침표를 찍었어. 이때 자민련이 한나라당 편에 가담했거든. 임동원 통일부장관은 김대중 대통령이 평화 외교의

의원 꿔 주기

대한민국 정치에서 특정 정당이 의도적으로 소속 국회의원을 다른 정당에 일시적으로 보내는 행위를 뜻한다. 이 방법은 주로 국회의원 의석수를 맞추어 교섭 단체를 구성하거나, 특정 정당의 의석수를 늘려 국회의 입법 활동에 유리한 환경을 조성하기 위해 사용된다.

상징인 '햇볕 정책'으로 2000년 노벨평화상을 받는 데 결정적인 역할을 한 참모였어. 임동원 통일부장관 해임 건의안 2001년 8월 15일에 평양에서 개최한 민족 통일 대축전 행사로 인해 불거진 소란을 문제 삼아 한나라당이 제출한 거였어. 한나라당만으로는 과반 가결이 어려웠음에도 자민련의 가세로 가능해진 거야. 자민련은 이 일로 돌아올 수 없는 강을 건넌 거지.

DJP 연합은 흔한 말로 '동상이몽'이라고 촌평할 수 있을 거 같아. 김대중은 대통령, 김종필은 내각제 개헌을 통해서라도 최고 권력자(총리)가 되는 것이 각자의 1차 목적이었을 테니 말이야. 물론 각자 나라를 위하는 길이 무엇인지에 대한 진정성은 있을 거야. 하지만 처음부터 이 둘은 물과 기름처럼 뒤섞일 수 없는 관계, 이별을 예고한 연정이라고 볼 수 있지.

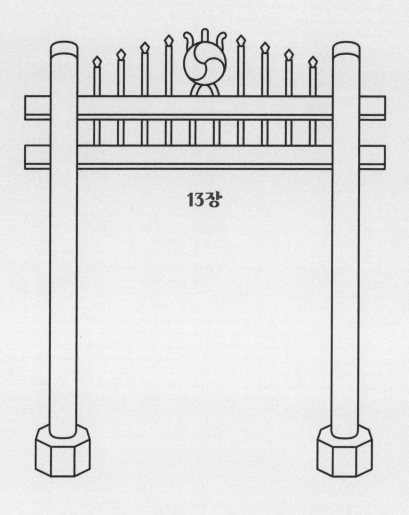

13장

노무현은 어떻게
대통령이 되었을까

노무현의 등장

어느덧 김대중 대통령의 국민의 정부도 내리막길을 걸으면서 레임덕 Lame Duck을 겪었어. 5년 단임제 대통령이라면 으레 겪어야 하는 통과 의례가 된 레임덕은 곧 그만둘 권력자가 남은 임기를 오리처럼 뒤뚱 거리며 걷는다는 말에서 나온 말이야. 이러지도 저러지도 못하고 오 락가락하는 모습을 비유한 거지.

여기에다 김대중 정부도 김영삼 정부 말기처럼 권력형 비리가 터 졌어. 특히 김대중 대통령의 세 아들이 이권에 개입했다는 혐의로 구 속되면서 한국은 벌집을 쑤신 듯 시끄러워졌어. 김대중 대통령은 2002년 5월 6일 자신의 정치적 배경인 새천년민주당을 탈당까지 해 야 했지.

이런 상황에서 국민들은 한국 현대사에 최초로 등장한 진보 정권이 연이어 집권할 수 있을지 궁금해했어. 쉽지 않다는 전망이 대체적이었지만, 대통령이 되겠다며 출마한 사람들이 있었지. 여당인 민주당에서는 무려 7명이 나왔고, 야당인 한나라당에서는 이회창 혼자 출마했어.

이회창은 1997년 대선에서 김대중에게 지고 다시 나왔는데 그때 문제가 되었던 것이 여전히 걸림돌이었어. 대기업에서 선거 자금을 받으려고 할 때 금융 실명제를 피하기 위해 거금을 실은 트럭을 통째로 받았다는 이른바 '차떼기 사건', 북한에 무력 시위를 해달라고 부탁했다는 '총풍 사건', 아들의 병역 비리까지 삼중고였지. 이러한 문제가 있었음에도 불구하고 이회창은 대세였어. 그의 당선을 의심하는 사람이 없었지.

하지만 대세론은 대세론일 뿐, 선거란 건 끝을 봐야 결과를 알 수 있어. 민주당에게는 이 대세론을 넘어설 반전 카드가 필요했지. 이렇게 해서 도입된 것이 바로 훗날 '16부작 정치 드라마'로 불린 국민 경선제'야. 국민 경선제는 대의원 20퍼센트와 일반 당원 30퍼센트를 포함한 당원 50퍼센트와 국민 50퍼센트 비율을 합산해서 대통령 후보를 뽑는 방식이지. 역사상 처음 도입된 민주당의 국민 경선제는 2002년 3월 9일 제주에서 시작해 4월 24일 서울 경선을 끝으로 전국 16개 시도를 돌면서 축제처럼 진행됐어.

민주당의 경선 시작 전 선두주자는 이인제 후보였어. 그는 김대중 대통령의 정치적 후원 그룹인 '동교동계'의 지지를 받고 있었거든. 노무현은 지지율이 한 자릿수였어. 하지만 경선이 가까워지면서 양상이 변했지. 경남 김해 출신의 영남 후보임을 강조한 노무현은 김영삼 전 대통령이 이인제를 점찍었다는 일명 "깜짝 놀랄 만한 후보" 소문을 듣고 정체성 시비를 걸었던 표심의 변화는 첫 경선지인 제주에서부터 감지되었어. 결과는 한화갑이 1위, 이인제가 2위, 노무현이 3위였어. 노무현의 반전 드라마는 민주당 대통령 후보 경선의 최대 승부처인 광주에서 정점을 찍어. 막강한 후보들을 제치고 광주에서 1위를 하면서 다크호스로 부상한 거야. 광주에서 승리한 노무현은 일명 노무현 바람인 '노풍'을 일으키며 결국 민주당 후보로 선출돼.

그런데 노무현은 어떻게 정치에 입문했을까? 그는 상고 출신 무명 변호사였는데, 인권변호사로 활동하다 김영삼 전 대통령의 권유로 정치를 시작했어. 5공 비리 특별 조사에서 전두환에게 명패를 던진 그 국회의원이었지. 김영삼 전 대통령이 삼당합당을 할 때 '밀실야합'이라며 따라가지 않고 김대중 대통령과 정치를 하며 '지역주의 벽'을 깨려고 민주당의 험지 부산에서 출마를 자청한 '바보'였어.

하지만 민주당 내 기득권은 노무현이 대통령 후보가 됐다는 사실을 받아들이기 어려웠어. 또 이인제의 탈당이 이어지면서 노무현의 지지율은 곤두박질치기 시작했지. 이런 상황에서 당시 대한 축구 협회 회장이었던 정몽준이 새로운 대선 후보로 떠오르면서 국민통합21이라는 정당을 창당하고 대선 출마를 선언했어. 정몽준 후보의 지

노무현 대통령

지지율이 계속 오르자 민주당의 고민이 커졌어. 후보 교체를 위해 노무현 후보의 사퇴를 요구하는 후보 단일화 협의회까지 등장했어. 정몽준과 단일화를 하라는 요구도 있었지. 결국 2002년 11월 노무현 후보는 단일화를 받아들였고, 한 차례의 후보 단일화 토론을 거쳐 노무현 후보와 정몽준 후보 중 누가 대권 후보가 될지를 여론조사 방식으로 정하기로 했어. 이때 노무현 후보는 46.8퍼센트, 정몽준 후보는 42.2퍼센트의 지지율을 받아 노무현 후보가 승리했어. 그러자 노무현 후보를 지지하는 사람들이 노무현을 사랑하는 모임인 '노사모'를 결성하고 본격적으로 지지 운동에 나섰어.

하지만 노무현 후보의 시련은 끝나지 않았어. 선거 전날인 12월 18일 저녁 10시에 정몽준이 일방적으로 단일화를 파기한 거야. 이유는 노무현 후보가 "미국과 북한이 싸우면 우리가 밀린다"라는 발언을 했으며, 본인이 차기 대권주자로서 인정받지 못하다고 느꼈기 때문이었대. 당황한 노무현 후보는 밤에 정몽준의 집을 찾아갔지만 정몽준은 아예 무시했어.

누가 보더라도 이 상황에서 노무현의 승리는 물 건너간 것처럼 보였지. 하지만 이튿날부터 기적이 일어나기 시작했어. 단일화 파기는 되레 노무현에게 우호적인 힘으로 작용한 거야. 노사모 등 지지자들이 지인들에게 전화를 걸거나 문자를 보내 투표를 독려하며 지지를 부탁했어. 결국 노무현이 제16대 대통령으로 당선되었어. 어려워 보였던 진보 진영의 연속 집권이 이루어진 거야.

권위주의를 깬 대통령

2003년 2월 25일에 취임한 제16대 대통령 노무현은 정부 이름을 '참여 정부'로 정했어. "우리 민주주의를 국민의 '참여'가 일상화되는 참여 민주주의의 단계로 발전시키겠다는 점과 진정한 국민 주권, 시민 주권의 시대를 열겠다"라는 의미에서 참여 정부로 정했대.

노무현 대통령의 국정 운영 방식은 '토론'이었어. 이와 관련된 상징적인 사건이 바로 '검사와의 대화'야. 참여 정부 출범이 한 달도 안된 3월 9일, 정부 중앙 청사 19층 대회의실에서 텔레비전으로 생중계되는 가운데 노무현 대통령과 평검사들 간의 토론회가 있었어. 인사 문제로 성사된 토론회이지만, 대통령과 평검사의 토론 구도 자체가 권위주의를 탈피하겠다는 노무현 대통령의 의지가 반영되었다고 할 수 있지.

이 토론회는 형식도 파격적이지만, 오고 간 말이 더 충격이었어. 대통령 앞에서 평검사들은 '83학번'이라는 말로 고졸 대통령의 학력을 비난하고 비아냥거렸어. 게다가 검찰 인사 문제로 날 선 주장을 하며 청탁하지 않았냐고 압박을 가하자, 노무현 대통령은 "이쯤 가면 막 하자는 거지요?"라는 말까지 하게 되었지.

초반부터 험난하게 대통령직을 시작한 노무현 대통령은 대선 공약으로 삼을 만큼 지방 분권에 관심이 많았어. 그래서 '행정수도 이전'을 위해 '신행정수도의 건설을 위한 특별 조치 법안'을 발의하고, 12월 29일에 법안이 국회를 통과해. 한나라당을 비롯한 많은 사람이 반대했지. 반대자들은 급기야 헌법재판소에 '헌법 소원'까지 냈어. 2004년 10월 21일 헌법재판소는 '관습 헌법'이라는 듣도 보도 못한 논리를 동원해서 노무현 대통령의 법안이 위헌이라고 결정해. 관습 헌법이란 오랜 관행으로 굳어져 헌법처럼 효력을 갖는 걸 말해. 예를 들어 태극기와 무궁화는 헌법에 없지만, 누구도 부인하지 않는 국기이고 국화야. 그런 의미에서 서울의 수도로서의 지위도 조선의 기본 법전인 경국대전에 반영된, 즉 수도를 관장하고 있다는 오래된 기록에서부터 시작된 범국민적 합의라는 거야. 그런데 노무현 대통령의 행정수도 이전은 이를 거슬렀다는 이유로 관습 헌법을 들먹이며 위헌 결정을 내린 거지.

노무현 대통령은 과거사 문제도 적극적으로 정리했어. 2003년 10

월에 제주 4·3 항쟁부터 사과했지. 과거 국가 권력의 잘못이지만 그 정부를 계승한 대통령으로서 사과한 거야. 사건 발생 55년 만에 처음으로 국가 차원에서 잘못을 인정한 거지.

아울러 2004년 3월엔 '친일 진상 규명 특별법'을 제정해서 친일 행위자를 다시 규명했어. 그리고 이 법에 따라 2005년에 '친일 반민족행위 진상 규명 위원회'를 만들어서 친일 반민족행위자를 조사했어. 친일 행위자를 3기로 나누어서 조사했는데, 그 결과 2006년에 106명의 친일 반족행위자 명단을 발표하는 성과를 냈지.

노무현 대통령은 '진실·화해를 위한 과거사 기본법' 통과에도 힘을 쏟았어. 2004년 광복절 경축사에서 이 법의 필요성을 제기하며 시작되었는데, '역사적 진실이 밝혀져야 한다'는 국민적 여론이 높음에도 불구하고 한나라당과 보수층에서 반대해 우여곡절을 겪기도 했어. 하지만 2005년 관련법이 국회를 통과하면서 위원회가 설치되어 본격적인 활동을 시작했지. 물론 법적 한계 때문에 은폐·왜곡된 역사적 사건을 많이 놓치기는 했지만, 국가가 나서서 공식적으로 조사했다는 데 큰 의미가 있어.

이렇게 노무현 참여 정부가 1년을 정말 힘들게 보내는 가운데 악재까지 끼었어. 노무현 대통령의 측근인 최도술 총무비서관의 SK그룹 비자금 수수 사건이 터졌어. 그리고 한국 대학생 총연합회(이하 한총련)의 미군 부대 기습 점거 및 한나라당 지구당 시위 등을 이유로 이장 출신 김두관 행정자치부장관 해임 건의안이 가결되었지. 이처럼 여러 군데에서 노무현 대통령의 발목이 잡혔어. 오죽하면 노무현 대통령이 "그래서 이렇게 하다가는 대통령직을 못 해 먹겠다는 생각이, 그 위기감이 생깁니다"라고 했을까.

소신의 정치

앞서 말한 문제도 있었지만, 노무현 대통령은 '이라크 파병'이라는 큰 문제를 해결해야만 했어. 이라크 전쟁은 2003년 3월 20일 '대량살상무기 개발'을 이유로 미국 부시 정부가 CNN으로 생중계되는 가운데 이라크를 침공하면서 시작되었어. 미국은 한국을 비롯한 동맹국에 파병을 요청했지.

노무현 대통령은 이 문제를 소신 있게 자신의 정치철학으로 밀고 나갔어. "국익을 위해 파병해야 한다"라며 대국민 설득에 나섰지. 국회도 파견 동의안을 통과시켰고, 이듬해인 2004년 2월 23일에 평화유지와 재건을 임무로 하는 '자이툰부대'를 파병했어. 이 파병은 결국 국민적 저항에 직면했고, 일부 진보 진영마저 노무현 대통령에게서 등을 돌리는 계기가 되었어.

한미 FTA 또한 노 대통령의 소신 정치의 결과물이야. 한미 FTA는 한국과 미국 간의 자유 무역 협정Free Trade Agreement으로, 양국 간 무역 및 투자를 자유화하고 확대할 목적으로 체결한 협정이야. 김현종

이라크 아르빌에 파견된 자이툰부대

통상교섭본부장은 FTA가 중요하다고 계속 강조했어. 당시 한국은 유일하게 칠레와 FTA를 맺은 상황이었는데, 그는 이러다가 세계 통상계의 외톨이가 될 수도 있다며 걱정했지. 결국 2004년에 김현종은 노무현 대통령에게 FTA의 능동적 추진을 건의했어. 엄청난 반대가 있을 테고 쉽게 진행되지는 않겠지만, 우리 경제를 한 단계 끌어올리는 효과가 있을 거라는 확신이 들었대. 그래서 캐나다, 멕시코, 뉴질랜드 등 여러 대상국을 상대로 치밀하게 한미 FTA를 준비하기 시작했어. 2006년 1월 18일 노무현 대통령은 신년사에서 '미국과도 자유무역 협정'을 맺겠다고 밝혔어. 이어 2월 3일 미국에서 한미 FTA에 관한 첫 협상 선언이 나오면서 2007년 3월까지 8차에 걸친 공식 협상이 이어졌어.

그러나 한미 FTA가 추진되기까지 우여곡절이 많았어. 많은 국민

한미 FTA 반대 현수막

은 선진국인 미국과 자유 무역이 이루어지면 우리 경제가 미국에 예속될 거라고 생각했거든. 또 고용주가 마음먹으면 쉽게 해고할 수 있는 미국식 구조 조정이 들어와 노동자들의 자리가 없어질지도 모른다고 우려했어. 특히 한국의 농촌이 어려운데 농산물 관세화로 인해 농촌의 붕괴를 초래할 수 있다며 국민들은 서로 뭉쳐 반대 시위를 진행했어. 하지만 노무현 대통령은 뚝심 있게 밀고 나가 합의안을 만들었고, 2011년 11월 22일 우리 국회에서 통과되었어.

한미 FTA는 훗날 트럼프 대통령이 미국에 절대 불리한 협정이라고 문제를 제기하면서 재협상을 요구하는 등 한미 간 현안으로 대두되었어. 결과적으로 지금은 노무현 대통령의 혜안이 빛난 협상이었다는 평가가 지배적이야.

앞길을 막은 탄핵

참여 정부 1년의 혹독한 신고식 속에 정치권은 정치권대로 정계 개편을 서둘렀어. 호남 신주류인 천정배·신기남·정동영, 즉 '천신정'이 새천년민주당의 쇄신을 주장하면서 개혁의 기치를 내걸었어. 이 상태로는 곧 치러질 총선에서 패배가 확실했거든.

정계 개편은 빠르게 진행되었어. 2003년 7월 7일 한나라당에서 탈당한 인사들과 9월 20일 여당인 새천년민주당에서 탈당한 인사들, 그리고 개혁국민정당의 김원웅과 유시민 등이 주축이 되어 '열린우리당'이 만들어졌어.

처음에는 열린우리당의 지지율이 새천년민주당보다 낮았어. 이에 부담을 느낀 노무현 대통령은 "열린우리당이 표를 얻을 수 있다면 합법적인 모든 것을 다하고 싶다"라고 발언했어. 이게 문제가 되어 탄핵안이 발의되었어. 공직 선거 및 선거 부정 방지법 위반이라는 사유로 민주당과 한나라당 그리고 자민련이 합세해 3월 12일 국회 본회의에서 탄핵안을 통과시키지.

이 소식을 접한 노무현 대통령은 '새로운 발전과 도약을 위한 진통'이지 그저 괴롭기만 한 '소모적 진통'은 아닐 거라며 담담했대. 노무현 대통령의 직무는 헌법재판소에서 심의해서 판결이 날 때까지 정지됐어. 고건 국무총리가 권한대행을 맡았지.

그런데 반전이 일어나기 시작했어. 그날 저녁부터 탄핵 반대 촛불

탄핵안 처리로 몸싸움을 벌이는 국회의원들

집회가 열리기 시작해서 시민 수십만 명이 촛불을 들었고, 이 촛불은 헌법재판소의 결정이 나올 때까지 꾸준히 타올랐어. 탄핵 여론조사도 찬성보다 반대가 훨씬 많았지.

탄핵안이 헌법재판소에서 심의되는 동안 총선이 있었는데, 이변이 일어났어. 열린우리당이 152석을 차지하며 87년 체제 이후 선거에서 집권당이 최초로 과반을 한 거야.

열린우리당이 압승할 수 있었던 배경은 물론 열린우리당과 후보들이 열심히 선거운동을 한 것도 있지만, '노무현 대통령 탄핵 소추'가 결정적 역할을 한 게 분명해. 민주당과 한나라당과 자민련은 탄핵안이 통과되면 정치적 주도권을 가질 수 있을 것으로 생각했겠지만, 이들은 민주주의와 정치에 대한 국민의 의식 수준이 높아졌다는 걸 몰랐던 거야. 탄핵까지 갈 사안이 아닌데도 무리수를 두었고, 큰 대가를 치렀지. 이후 헌법재판소는 5월 14일에 탄핵안을 기각했어.

64일 만에 다시 대통령의 자리로 돌아온 노무현 대통령은 "역사를 성찰하고 자아를 재충전하며 국정을 되돌아보는 소중한 학습의 시간"이었다고 밝혔어. 그리고 5월 20일 열린우리당에 "수석 당원"으로 입당해서 그렇게 도와주고 싶었던 열린우리당을 여당으로 만들었어.

노무현 대통령의 대북 정책은 김대중 정부의 햇볕 정책 기조를 이어 나갔어. 하지만 대북 송금 사건 때문에 취임도 하기 전부터 골머리를 앓아야 했지. 현대상선이 산업은행으로부터 4000억 원을 대출받았는데, 이 중 2240억 원을 북한으로 보낸 거야. 이 사건은 남북 정상 회담 성사 대가라는 주장까지 제기되면서 문제는 더 심각해졌어. 노무현 대통령으로서는 불가피하게 수사를 할 수밖에 없었고, 특검까지 수용해야 하는 상황이었지. 이 일로 김대중의 동교동계가 노무현 대통령에게 등을 돌렸어. 또 강도 높은 수사를 받던 현대그룹 정몽헌 회장이 자살하는 등 파장이 만만치 않았어.

이런 곡절이 있었지만 노무현 대통령은 북핵 문제 앞에서도 대북 포용 정책을 펼쳤어. 하지만 북한의 핵 개발 위협은 멈출 줄 몰랐지. 그러다 노무현 대통령 임기 마지막 해인 2008년에 들어서 변화가 보였어. 노무현 대통령은 김대중 전 대통령과 김정일 국방위원장이 합의한 '6·15 남북 공동 선언' 실천 명목으로 남북한의 고위급 회담을 제의했고, 북한이 이에 호응해 왔어. 그리고 8월 28일부터 30일까지 노무현 대통령이 평양을 방문해 남북 정상 회담을 열어.

노무현 대통령은 부인 김양숙 여사와 함께 군사분계선을 걸어서 넘었어. 이 퍼포먼스는 전 세계의 이목을 집중시켰지. 북한을 방문한 노무현 대통령과 김정일 국방위원장은 '10·4 남북 공동 선언'을 통해 6·15 남북 공동 선언을 재확인하고, 경제 협력 확대, 군사적 신뢰 구축을 합의했어.

이라크 파병과 한미 FTA 체결로 인해 노무현 대통령은 진보 진영으로부터 신자유주의 우파라는 비판을 받았고, 보수 진영으로부터는 반미주의자라는 낙인을 찍혀 양쪽 모두에게 인기를 얻지 못했어. 그러나 청와대 개방과 권위주의 탈피 등의 정책을 통해 서민 대통령이라는 이미지를 갖게 되었고, 누구든지 대통령이 될 수 있다는 희망을 심어 준 대통령으로 기억되기도 해.

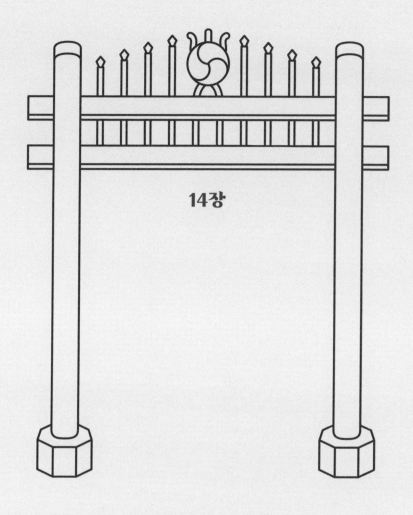

14장

촛불혁명은 어떻게
시작되었을까

보수 정권의 등장

참여 정부에 대한 강력 비판은 보수 정부 탄생을 예고하는 신호탄이었을까. 그래서인지 2007년 대통령 선거는 본선보다 한나라당의 당내 후보 경선이 더 뜨거웠어. 일단 후보가 되면 대통령 당선은 무난한 상황이었으니까.

한나라당 대통령 후보 당내 경선에는 4명이 나섰어. 이명박, 박근혜, 홍준표, 원희룡으로, 판세는 이명박과 박근혜의 2강 구도였고, 처음엔 박근혜가 유리하다고들 했어. 박근혜 후보는 2004년 국회의원 선거에서 괴한에게 커터칼로 기습당해 수술을 받았는데, 병원에서 깨어난 후 가장 먼저 한 말이 "대전은요?"라고 알려지면서 대전 시장 선거의 판세를 단숨에 뒤집었어. 이후 박근혜는 개인의 안위보다 당을 먼저 생각하는 지도자의 이미지를 갖게 되었고, '선거의 여왕'이라는 별명도 얻게 되었지. 그런데 북한의 1차 핵실험과 경제 문제가 부각되면서 이명박이 주목받기 시작했어. 이렇게 엎치락뒤치락 시소 게임이 진행되다 보면 부정적인 모습을 볼 수밖에 없지. 양쪽 진영 모두 거론할 수 있는 비리란 비리는 다 꺼내 들었어. 이 중 압권은 이명박의 'BBK'와 박근혜의 '최태민-최순실 의혹'이었어.

이명박을 먼저 살펴보자면, 금융사기극을 벌인 BBK라는 투자자문사뿐만 아니라 현대자동차 납품 회사 다스의 실소유주가 이명박이라는 의혹이 제기되면서 일파만파 퍼져 나갔어. 검찰이 수사에 나섰지만 무혐의 처분으로 종결되었지.

박근혜의 경우, 이명박 후보 측에서 최태민 일가의 육영재단을 문제로 제기했어. 육영재단은 박근혜의 어머니인 육영수 여사가 세운 복지재단이야. 최태민은 박정희 전 대통령의 측근으로, 박근혜에게도 영향을 미치고 있었어. 최태민의 딸이 바로 이 책 마지막 부분에 등장할 최순실이거든. 박근혜 후보는 최씨는 재단 일에 관여하지 않는다고 일축했지. 결과는 이명박이 49.6퍼센트, 박근혜가 48.1퍼센트의 표를 각각 얻어 1.5퍼센트 차이로 이명박이 승리했어.

반면 여당이자 제1당인 열린우리당은 전의를 거의 상실했어. 오죽하면 "이게 다 노무현 때문이다"라는 말이 돌 정도였으니까. 집권당이 대통령 후보를 내지 못한다면 열린우리당 존재 자체가 무의미해지지. 정당의 최고 목표는 대통령을 배출하는 거잖아. 이러는 가운데 김한길이 주도해서 중도개혁통합신당을 창당했어. 대선 후보 군을 비롯한 현역의원들이 대거 달려갔지. 결국 열린우리당은 해체 되고 대통합민주신당이 만들어졌어. 이것도 당의 정비라면 정비인지 라 대통령 후보군이 9명이나 난립했고, 정동영이 대선 후보 티켓을 거머쥐어.

본격적인 대선에서는 한나라당에서 두 번이나 대통령 후보로 나 왔지만 실패하고 정계를 은퇴했던 이회창이 충청권의 심대평이 창당 한 국민중심당을 등에 업고 출마했어. 2007년 대선은 이렇게 3파전 으로 치러지면서 약간 안개가 끼긴 했어. 민주신당 입장에서는 보수 표가 이명박과 이회창으로 나뉜다면 해볼 만하다고 생각했어.

여당은 한나라당 경선에서 박근혜 측이 제기했던 BBK 등 부정적 인 면을 집중해서 언급했어. 그래도 표심의 향방을 바꾸는 데는 역 부족이었고, 결국 이명박이 무난히 당선돼. 1149만 표로 역대 최다 득표를 기록했어. 또한, 최다 표차로 당선된 선거이기도 했지.

그런데 이명박은 어떻게 정계에 진출하게 된 걸까? 이명박은 고교 졸업 후 청소일을 하며 헌책방 주인에게서 얻은 책으로 대입 준비 를 했을 만큼 가난한 집안에서 자랐어. 대학 시절, 박정희 정권의 한 일 국교 정상화를 반대하는 6·3 시위를 주동하다 감옥살이를 하기 도 했지. 어렵게 현대건설에 들어가서는 특유의 추진력으로 입사 12 년 만인 서른일곱 살에 '사장' 자리에 오르는 '샐러리맨 신화'의 주 인공이었어. 이후 현대의 정주영이 1992년에 통일국민당을 창당하고 대통령 후보로 나서면서 이명박은 현대건설의 사장직을 내려놓았어. 재벌 총수가 대통령이 되는 것을 반대했기 때문이야. 이후 그는 1992년 3월 민자당 전국구 의원으로 당선되어 정계에 입문했고, 서울시장도 세 번이나 연임했어. 이렇게 해서 10년 진보 정권은 정권 재창출에 실패해서 보수에게 정권을 내줬어.

촛불이 켜지다

이명박은 2008년 2월 25일에 대통령으로 취임했어. 최초의 CEO 출신 대통령답게 정부 이름을 '실용 정부'로 내세웠지. 나름 '줄푸세 타고 747로'라는 캐치프레이즈를 내걸었어. "세금은 줄이고, 간섭과 규제는 풀고, 법치주의를 확립해서 7퍼센트 성장, 4만 불 소득, 세계 7위 경제를 이룩하자"라는 의미야.

하지만 많은 사람이 비현실적이라고 비판하는 이 공약들을 실천하기도 전에 큰 시련부터 다가왔어. 바로 미국산 쇠고기 수입 재개 문제였지. 이명박 대통령은 취임 직후인 2008년 4월 18일, 미국 캠프 데이비드를 방문해서 조지 W. 부시 대통령과 정상회담을 했어. 이 협상에서 이명박 정부는 광우병 발병으로 2003년 12월부터 전면 중단됐던 미국산 쇠고기를 수입하기로 한 거야. 이 소식에 온 나라가 들끓었어. 국민의 식탁에 오를 쇠고기가 광우병에 걸린 소면 어떡하

취임식에서 시민들을 향해 손을 흔드는 이명박 대통령

냐는 우려가 현실이 될지도 모른다는 위기감 때문이었지.

5월 2일 인터넷 카페 '이명박 탄핵을 위한 범국민 운동 본부'가 나서서 첫 촛불집회를 열었어. 처음엔 300명 정도 올 거라고 예상했는데, 예상보다 더 많은 1만 명이 참가했대. 이후 연일 밤마다 서울 광화문을 비롯한 전국에서 촛불이 밝혀졌어. 남녀노소 할 것 없이 많은 시민이 나선 거야.

이번 촛불집회는 이전의 시위와는 달랐어. 노래 부르고, 발언하고, 외치면서 축제 같은 모습을 보였던 거야. 6월 10일에 이르러 촛불집회는 절정을 맞이했지. 이날이 6월 민주 항쟁 21주년 기념일이기도 해서 더 많은 시민이 참가했어. 경찰 추산 8만 명, 주최 측 추산 서

서울시청 앞 광장에서
열린 미국산 쇠고기
수입 반대 촛불집회

울 70만 명, 전국 합산 100만여 명이 참가하면서 거리엔 온통 촛불
뿐이었대.

경찰은 이날 시위를 막기 위해 안간힘을 썼어. 당시 새벽에 서울
광화문광장 이순신 동상 앞을 비롯해서 곳곳에 경찰들이 컨테이너
로 바리케이드를 쳤는데, 사람들은 이를 두고 '명박산성'이라고 불렀
어. 결국 2008년 6월 19일, 이명박 대통령이 국민에게 사과하면서 촛
불집회는 국민의 승리로 끝났어. 사과문에서 이명박 대통령이 한 말
은 지금도 사람들의 입에 회자돼.

"그 밤에, 저는 청와대 뒷산에 올라가 끝없이 이어진 촛불을 바라보
았습니다. 시위대의 함성과 함께, 제가 오래전부터 즐겨 부르던 '아침
이슬' 노랫소리도 들었습니다."

이명박 정부의 또 하나의 캐치프레이즈는 기업 친화적 정책을 시

행하겠다는 의미의 '비즈니스 프렌들리business friendly'였어. 서민들에게는 반갑지 않은 정책이 될 가능성이 큰 정책이었지. 이명박 정부는 특히 신자유주의에 기반한 경제적 자유주의를 추구했어. 경제적 자유주의라는 건 한마디로 시장에 맡기겠다는 논리야. 이 제도는 오로지 이윤 창출로만 승부하겠다는 말이라서 기업에게만 유리한 제도였어.

이 제도를 실시하고 경제성장률은 크게 올랐어. 2011년에 세계에서 아홉 번째로 무역 1조 달러를 달성했거든. 2012년엔 이탈리아를 제치고 세계 8대 무역 국가가 되기도 했지.

이런 성장 뒤에는 누군가의 희생이 있을 수밖에 없어. 앞에서 얘기한 쇠고기 파동도 자유주의 경제를 추구하려다 생긴 덜컥수였지. 이 점에서 2009년에 용산4구역 철거 현장에서 일어난 화재 사건인 '용산 참사♦'는 친기업 정책의 희생양이 아닌가 싶어.

이명박 정부의 친기업 정책 중 '4대강 사업'도 빼놓을 수 없어. 정확한 사업 이름은 '4대강 정비 사업'이야. 한강·낙동강·금강·영산강 등 4대강을 준설하고 보를 설치해 하천의 저수량을 대폭 늘려 하천

용산 참사

2006년 용산 4구역에 재개발 사업이 추진되면서 주거세입자와 임차상인에 대한 보상이 제대로 이루어지지 않아 생존권 보장과 관련된 시위가 시작되었다. 이후 보상 내용에 반발하는 세입자 26세대가 남아 2008년 4월 철거 대책 위원회를 구성했고 옥상에 망루를 설치해 농성을 진행하다가 저항하는 과정에서 화재가 발생해 6명이 사망하고 23명이 부상당하는 참사가 벌어졌다.

용산4구역 철거 현장 진입을 시도하는 경찰특공대원

생태계를 복원한다는 게 추진 배경이지. 하지만 많은 사람들은 이것이 '운하' 건설을 위한 위장이라고 생각했어. 이명박 대통령이 후보시절 '한반도 대운하 사업'을 공약으로 내걸었기 때문이야. 국민들은 엄청난 토목 공사를 국책 사업으로 벌여 건설사들의 배를 부르게 하려는 숨은 속내가 있다고 의심했어. 결국 이명박 대통령은 국민의 저항에 부딪혀 2008년 6월 대운하 사업 추진을 중단해. 대신 '4대강 사업'을 들고나왔어. 이러니 국민이 더 의심할 수밖에 없었지. 그만 두겠다고 했으면 그만둘 일이지 이름을 바꿨다고 찬성할 사람이 있

겠어? 그런데도 이명박 대통령은 물러서지 않았고 결국 4대강 사업
은 진행되었어.

날카로운 남북의 신경전

2008년 7월 11일 새벽에 긴급 속보로 금강산 관광객 박왕자 씨가
아침에 해변에서 산책하다 피살되었다는 소식이 전해졌어. 온 나라
가 발칵 뒤집혔지. 애초 북한은 이명박 대통령의 '비핵·개방·3000'정
책에 강력하게 반발하고 있었어. 비핵·개방·3000 정책은 북한이 비
핵화하고 개방하면 소득 3000불 수준으로 보장해 준다는 정책이야.
이 정책 때문에 박왕자 씨가 피살된 것이 아닌가 하는 의심만 가득
한 채 사건은 미스터리로 남았고 금강산 관광 사업은 중단되었어.

2010년 3월 26일에는 '천안함 피격 사건'이 발생해. 해군 초계함
인 천안함이 백령도 근처 해상에서 북한의 어뢰 공격을 받아 침몰하
면서 해군 46명이 전사했어. 이 일로 남북 간의 긴장은 고조되었지.
북한의 도발은 그뿐이 아니었어. 이해 11월 23일엔 북한이 연평도를
향해 170여 발을 포격하는 '연평도 포격 사건'이 발생해서 군인과
민간인 사상자가 발생했어.

그런데 이런 긴장 속에서 남북 간에 비밀스러운 '어떤 일'이 모색
되고 있었어. 천안함과 연평도 사건에 대해 최소한 유감 표명이라도

인양되는 천안함 함미의 모습

기습적인 포탄 공격에 긴급 대응 사격 준비를 하는 해병대 연평부대 K-9 자주포

해주면 사과로 받아들이겠다며 이명박 정부가 북한에 돈 봉투를 건네려 했다는 북한 측 주장까지 나온 거야. 비밀 접촉을 통한 '사과 구걸'이라는 이해할 수 없는 행동 앞에서 야당을 비롯한 국민은 아연실색할 수밖에 없었어.

안보에서의 이런 비상식적 행동은 결국 국정 전반에 영향을 미쳤어. 특히 '총리실의 민간인 사찰 사건'은 정말 해서는 안 될 일이었지. 2008년 국무총리실 산하 '공직자 윤리관실'에서 공무원이 아닌 민간인까지 불법 사찰한 사실이 MBC 〈PD수첩〉의 보도로 세상에 드러난 거야. 이 사건은 당시 여당 인사들까지도 사찰했다는 점에서 충격적이었어.

이명박 대통령 시절의 사건 중 노무현 전 대통령의 서거를 빼놓을 수 없지. 2009년 검찰은 노무현 전 대통령의 후원자인 박연차를 수사하면서 노무현 전 대통령도 수사 대상에 포함시켰어. 이미 취임 직후, 회고록 집필을 위해 양해를 구하고 가져간 이지원 시스템 복사본을 두고 수사의 칼날을 들이댔던 터라 예민할 수밖에 없었어. 결국 노무현 전 대통령은 2009년 검찰에 소환되었어. 이후 칩거에 들어갔던 노무현 전 대통령은 사저 뒷산 부엉이바위에서 몸을 던져 이승에서의 삶에 마침표를 찍었지. 노무현 전 대통령 지지자들은 정치적 타살이라며 강력하게 반발했어.

이명박 정부는 역사 교과서마저 자신들의 입맛에 맞게 수정하려고 했어. 일부 한국 근·현대사 교과서가 좌편향으로 편찬됐다며 해당 출판사에 수정 명령을 내렸거든. 우파 정권의 입맛에 맞는 교과서를 만들겠다는 의도라며 교과서 집필자들이 낸 행정 소송을 통해 수정 명령이 취소되었어.

이명박 정부의 문화 정책 중 하나인 '불온서적 지정'은 역사의 퇴행이라 할 수 있을 만큼 부적절한 정책이었어. 그런데 불온서적 딱지가 붙은 책 중엔 '우수학술도서'로 선정된 《나쁜 사마리아인》을 비롯해, 대학 교양수업 교재로도 활용되는 《북한의 우리식 문화》, 그리고 세계적 석학 노암 촘스키의 책도 포함돼 있었어. 이러한 퇴행적 조치는 출판계와 학계의 반발 속에서 되레 이 책들의 판매량을 크게 늘려 주는 데 일조했지. 그렇게 이명박 정부도 임기 막바지에 접어들었어.

최초의 여성 대통령

박근혜는 이명박에게 경선에서 진 바 있지만, 새누리당(한나라당은 2012년 12월에 당명을 새누리당으로 바꾸었다)에서 당시 박근혜에 대적할 만한 인물은 없었어. 이 말은 2012년 제18대 대통령 선거 새누리당 후보는 박근혜가 단연 압도적이라는 의미지. 실제 경선엔 꽤 여러 명이 이름을 올렸지만 예상대로 박근혜가 83.97퍼센트 지지율로 후보가 되었어.

박근혜 대통령

박근혜는 알다시피 박정희 전 대통령의 딸이야. 어머니 육영수 여사의 피격으로 퍼스트레이디 역할을 했고, 아버지마저 피살되자 세상과 등지고 지냈지. 그러다 1997년 한나라당 대통령 후보 이회창 지지를 선언하면서 정계에 발을 들여놓았어. 그리고 1998년 대구 달성 국회의원 재보궐 선거에서 당선되어 국회에 진출해. 이후 한나라당이 위기에 처했을 때 당을 쇄신하겠다고 '천막 당사'를 치기도 하고, 비상대책위원장을 지내며 선거에서 여러 번 이겨 '선거의 여왕'이라는 별명을 얻기도 했어. 2002년에 북한을 방문해 김정일 국방위원장과 회담해서 이산가족 상설 면회소 설치, 남북 철도 연결, 남북 스포츠 교류 등을 합의하기도 했었지.

사람들은 이때 박근혜와 빅매치를 겨룰 야당 민주통합당의 후보에 관심이 컸어. 민주통합당 경선에는 모두 8명이 나섰는데, 노무현 전 대통령의 비서실장 출신인 문재인 후보가 절반을 넘긴 득표율로 무난히 후보가 되었어. 문재인 후보는 흥남 철수 때 거제도로 온 실향민의 아들로, 학생 운동을 하다 감옥살이를 했고, 사법시험에 합격해서 노무현과 함께 부산에서 인권변호사로 활동했었어. 노무현 전 대통령은 대통령직을 수행하면서 그를 청와대로 불러 비서실장 자리에 앉혔어. 하지만 그는 정치에 관심이 없었대. 그런 그가 주변의 강권에 못 이겨 다시 정계로 돌아온 거야.

선거전 초반에는 박근혜 후보의 강세였어. 각종 여론조사에서 두 자릿수나 앞섰거든. 야권 지지표는 문재인 후보와 무소속으로 출마한 안철수 후보가 양분하는 상황이었어. 하지만 양자 대결 구도에서는 막상막하의 지지율을 보여줬어. 이러한 열세의 야당이 승리하려면 유력 후보들의 단일화가 있어야 했지. 그래서 문재인과 안철수의 단일화도 추진되었어. 양측이 협상했지만 좀처럼 합의에는 이르지 못해 속이 탈 무렵, 대선을 한 달여 앞두고 안철수가 후보직 사퇴를 선언해. 협상 과정에서 마찰이 있었음을 밝혔지. 결국 안철수는 문재인 후보 지지를 선언했지만 뜨뜻미지근한 지원이었어. 이때 TV토론에서 이정희 통합진보당 후보가 "박근혜 후보를 떨어뜨리기 위해 출마했다"고 발언해 화제가 되기도 했지. 그래도 결과는 박근혜가 100만 표 차로 승리했어.

이렇게 재수 끝에 최초의 여성 대통령이 된 박근혜는 2012년 12월

19일에 취임했어. 전임 정부들처럼 따로 이름을 짓지 않고 그냥 '박근혜 정부'로 했고, 이 담백한 이름의 정부 앞에는 만만치 않은 과제들이 기다리고 있었어.

우선 남북 문제를 해결해야 했어. 이명박 정부 시절부터 이어진 긴장 끝에 북한은 남북 불가침 조약을 폐기하겠다고 발표했어. 더욱이 각종 미사일에 핵탄두를 장착한 상태라며 남북 직통전화도 단절했지. 삐걱거리던 개성공단 잔류 인원마저 철수해야 할 상황이었어. 개성공단은 그동안 수많은 위기 속에서도 남북 경제 협력뿐만 아니라 긴장 완화의 상징이잖아. 그런데 천안함 피격 사건으로 단절되기 시작해 좀처럼 해소될 기미가 보이지 않았어.

이런 상황에서 박근혜 대통령은 여느 대통령들처럼 미국을 방문해 한미 동맹을 글로벌 동맹으로 발전시키는 '한미 동맹 60주년 선언' 등 굵직한 성과를 냈어.

2014년 1월 6일 박근혜는 또 하나의 유행어를 창조하며 이슈를 선점했어. 바로 '통일대박론'인데, 통일을 하게 되면 남북한의 경제 통합이 이루어져 경제적인 효과가 클 것이라며 소위 대박론을 꺼낸 거야. '통일 준비 위원회'를 만드는 등 의욕을 보였지만 북한의 핵실험과 대남 위협 등으로 용두사미가 되었어.

참사 그리고 참사

2014년 4월 16일, 아직도 그 트라우마가 제대로 씻기지 않은 사건이 일어나. 바로 '세월호 참사'야. 경기도 안산의 단원고등학교 학생들이 제주도로 수학여행을 가고 있었어. 비행기 대신 인천에서 배를 탔지. 그 배가 '세월호'야. 그런데 이 세월호가 전남 진도 앞바다를 항해하다 침몰했어. 단원고 학생들을 비롯해 304명이 목숨을 잃었지.

이 사고는 배가 갑자기 침몰하는 후진적 사고도 문제이거니와 박근혜 정부가 수습 과정에서 보여준 모습이 난망 그 자체였어. 구조에 나선 해양경찰 등이 제대로 대응하지 못하고 우왕좌왕하는 모습에서 유가족은 물론 국민은 크게 절망했지. 더욱이 박근혜 대통령은 7시간 만에 '중앙 재해 대책 본부(이하 중대본)'에 모습을 드러내더니 "다 그렇게 구명조끼를, 학생들은 입었다고 하는데 그렇게 발견하기가 힘듭니까?"라고 했대. 국민은 박근혜 대통령이 이 사고에 대해 제대로 인지하지 못하고 있다고 느껴 더욱 절망했어. 세월호 참사는 박근혜 정부가 파멸의 길로 가는 입구 역할을 했어. 지금도 그 진상이 낱낱이 규명되지 않았고, 극우 세력의 공격 대상이 되고 있어서 크게 안타까운 사건 중 하나야.

정윤회 문건 사건도 박근혜 정부에겐 악재였어. 대선 과정에서 불거졌던 최태민의 딸 최순실(나중에 최서원으로 개명)의 남편 정윤회가 비선 측근으로 국정에 개입했다는 사건이야. 이 사건은 결국 박근혜 정부에 몰래 소통하는 '비선'있다는 것을 의미했어. 그리고 일어날 일에 대한 '복선'으로 작용하기에도 충분했어.

이런 비정상적 상황에서 더욱 비상식적인 일이 일어났어. 헌법재판소가 통합진보당을 해산한 거야. 결론부터 말하면 정당 해산이 과연 가능한가 하는 점에서 고개를 갸우뚱하게 하는 사건이었지. 사실 통합진보당은 대선 TV토론에서 이정희 후보의 공격으로 미운털이 박힌 터라 박근혜 정부에겐 눈엣가시 같은 존재였어. 그러다 '남한 사회주의 혁명'을 도모했다며 통합진보당 소속 이석기 의원을 체포했어. 이석기 의원의 내란음모죄는 무죄였지만 내란 선동 및 이적표현물 소지죄로 징역형을 받지. 이 사건으로 통합진보당은 2014년 12월 19일 헌법재판소에서 해산을 결정받았어.

이런 리더십 부재와 악재의 끝판왕은 '최순실 게이트'였어. '최순실'이란 이름은 앞에서 몇 번 소환했던 터라 기억하고 있을 거야. 최순실은 박근혜 대통령의 아버지인 박정희 대통령과 가까이 지내던 최태민의 딸이야. 커터칼 피습 때 간호할 정도로 가족 같은 관계지. 이정도로 박근혜 대통령과 최순실의 관계는 오래되었어.

2016년 7월 26일, 《TV조선》에서 재벌 지원금으로 세워진 '미르재단'과 'K스포츠재단'을 설립할 때의 모금 과정에 청와대가 개입했다고 보도했어. 하지만 이 보도는 크게 주목받지 못했지. 이 사건은 9월 20일 《한겨레》에서 다시 언급되었고, 이 일에 '최순실'이 관여했다는 후속 보도를 내놓자 국민들은 분노하기 시작했어.

목포신항에 인양된 세월호

이렇게 최순실 게이트가 막을 올렸고, 사건 당시 사용된 태블릿 PC가 발견되면서 국민의 분노는 걷잡을 수 없이 커졌어. 연설문이 최순실에게 유출된 정황이 발견되었거든. 캐면 캘수록 상상 초월의 국정 농단 행위가 드러났고, 각종 이권과 비리에 연루된 정황이 나왔어.

딸과 함께 해외로 종적을 감췄던 최순실이 귀국해 수사받으면서 진실이 드러났어. 박근혜 대통령의 연루 사실이 나왔고, 결국 박근혜 대통령도 수사받는 상황에 이르렀지. 국회에서 국정 조사를 했고, 결국 11월에 '박영수 특검'이 출범해 전반적인 수사에 돌입했어. 이에 비례해 박근혜 정부의 입지는 점점 좁아졌고, 벼랑 끝으로 내몰렸지.

촛불이 일으킨 혁명

이제 최순실 게이트는 박근혜 대통령의 연루 사실이 드러나면서 '박근혜-최순실 게이트'가 되었어. 정상적인 민주국가에서 상상할 수 없는 이 초유의 사태 앞에서 도대체 국민은 어떤 일을 할 수 있을까? 이런 고민이 머리를 어지럽힐 즈음 '박근혜 탄핵 촛불집회'가 시작됐어. 애초 소박하게 기획됐지만 서울 청계광장에 3만여 명이 모이며 들불처럼 번져 나가기 시작했어. 촛불집회는 매주 토요일이면 어김없이 열리며 2016년 12월 31일 10차 집회에서 누적 인원수

박근혜 대통령 탄핵을 촉구하는 촛불집회

1000만 명을 돌파했지. 2017년 4월 29일 마지막 23차 집회까지의 누적 인원수는 1638만 명이었대. 그리고 한 번에 100만 명이 모인 적이 5번이나 있을 정도로 한국 역사상 가장 많은 사람이 모인 시위였어.

국민의 분노만큼 국회도 진영을 떠나 제 역할을 했어. 그렇게 해서 나온 결론이 '박근혜 대통령 탄핵안' 발의였지. 2016년 12월 3일, 더불어민주당과 국민의당, 정의당, 무소속 등 171명의 의원이 탄핵안에 서명했어. 하지만 대통령의 탄핵 가결 정족수, 재적의원 3분의 2인 200석과는 거리가 있었어. 29표가 부족한 상황이라 여당인 새누리당의 협조 없이는 그저 발의한 것에 만족해야 할 상황이었지.

그런데 여야의 뜻맞는 의원들의 물밑 접촉이 있었고, 결국 유승민과 김무성 의원을 비롯한 비박계 의원들이 탄핵에 대한 반대 입장을 바꿨어. 탄핵보다 탄핵 부결로 인한 후폭풍이 더 걱정됐던 거야.

2016년 12월 8일, 박근혜 대통령 탄핵안이 국회 본회의에 보고되었고, 9일에 표결에 들어갔어. 투표에는 단 한 명을 제외한 299명이 참가했지. 투표 결과, 찬성 234표로 정족수 200표를 훨씬 넘긴 표가 집계되어서 탄핵안이 가결됐어. 박근혜 대통령의 탄핵은 진보와 보수를 떠나 누구나 인정하는 보편적인 상식이 된 거야. 탄핵소추안 가결로 박근혜 대통령의 직무는 헌법재판소 판결이 나올 때까지 즉시 정지되고, 황교안 국무총리가 그 직무를 대행하게 됐어.

한편 국회로부터 박근혜 탄핵소추안을 송부받은 헌법재판소는 곧바로 탄핵 심판에 들어갔어. 12월 16일, 박근혜 대통령은 탄핵이 부당하다는 답변서를 제출했지만, 헌법재판소는 박근혜 대통령의 탄핵 소추 사유를 5가지로 압축시켜서 심의했어.

▶ 비선조직 운영으로 국민주권주의와 법치주의 위배

▶ 대통령 권한 남용

▶ 언론의 자유 침해

▶ 세월호 참사 관련 생명권 보호 의무 위반

▶ 뇌물 수수

이를 두고 청구인인 국회와 피청구인인 박근혜 대통령 측이 치열한 법리 공방을 펼쳤어. 이 재판은 2017년 3월까지 뜨겁게 이어졌지. 그리고 2017년 3월 10일 온 국민이 시청하는 텔레비전에서 생중계하는 가운데 박근혜 대통령 탄핵소추안에 대한 헌법재판소의 선고가 이루어졌어. 이정미 헌법재판소장이 이렇게 주문을 읽었지.

"주문: 피청구인 대통령 박근혜를 파면한다"

박근혜 대통령은 한국 현대사에서 최초로 대통령직에서 탄핵된 대통령이야. 이제 박근혜에게 남은 것은 관련 범법 행위에 대한 수사와 처벌을 받는 일이었지. 이미 출범한 박영수 특검은 수사를 상당히 진척시켰어. 박근혜에 대한 소환 조사가 이루어졌고, 결국 박근혜는 구속돼 서울구치소에 수감되었어.

박근혜-최순실 게이트 재판은 3년 9개월 동안 진행되었고, 박근혜는 뇌물수수 15년형, 국정원 특활비 상납 5년형, 새누리당 총선 개입 2년형으로 총 22년형과 벌금 180억 원, 추징금 35억 원 판결을 받았어.

마지막으로 오해 하나 바로잡고 마무리하자. 박근혜를 수사하고 감옥에 보내고 한 게 박근혜 대통령에 이어 취임한 문재인 대통령이라고들 생각하는데, 그건 아니야. 문재인이 대통령직을 맡기 전에 이미 다 이루어진 절차지. 다만 문재인 대통령은 2021년 12월 신년 특별사면으로 박근혜를 석방했어. 과연 이게 국민통합일까 싶어 고개를 갸우뚱하는 국민이 많았지만 말이야.

자, 이렇게 해서 쉼 없이 달려온 대장정이 마무리됐어. 근대사부터 현대사에 이르기까지 잘 따라와서 정말 고마워. 한국의 근대사와 현대사에 있었던 다사다난한 사건과 한국을 지키기 위한 여러 움직임을 잘 알아두고, 미래의 한국 역사에 당당하고 멋진 발자국을 남기길 바라.

참고한 책

강준만, 《한국 현대사 산책》(인물과사상사, 2011).

김민철 외, 《솔직하고 발칙한 한국 현대사》(내일을여는책, 2017).

김삼웅, 《통사와 혈사로 읽는 한국 현대사》(인문서원, 2019).

김육훈, 《살아있는 한국 근현대사 교과서》(휴머니스트, 2007).

김호기·박태균, 《논쟁으로 읽은 한국 현대사》(메디치미디어, 2019).

모지현, 《사건으로 보는 한국현대사》(더좋은책, 2022).

박태균, 《박태균의 이슈 한국사》(창비, 2015).

박환, 《20세기 한국 근현대사 연구와 쟁점》(국학자료원, 2001).

백유선, 《청소년을 위한 한국 근현대사》(휴머니스트, 2015).

서중석, 《사진과 그림으로 보는 한국 현대사》(웅진지식하우스, 2020).

역사학연구소, 《함께 보는 한국 근현대사》(서해문집, 2016).

유시민, 《나의 한국 현대사》(돌베개, 2021).

이기상, 《숨어 있는 한국 현대사》(인문서원, 2014).

이우형·최용범, 《하룻밤에 읽는 한국 근현대사》(페이퍼로드, 2019).

이임하, 《10대와 통하는 선거로 읽는 한국 현대사》(철수와영희, 2017).

한국근현대사학회, 《한국근현대사강의》(한울, 2020).

이미지 출처

※ 본문에 쓰인 대부분 사진과 그림은 위키미디어 커먼즈에서 가져왔습니다. 다음 사진만 저작권을 표기합니다.

● 환경부·국립생태원《민통선이북지역 분석자료집》(2021): 47쪽
● 전쟁기념관: 59쪽
● 대한민국역사박물관: 132쪽
● 서울역사아카이브: 188, 189, 195쪽
● 국가기록원: 225쪽
● 옹진군청: 226쪽
● 근현대사아카이브: 273쪽

이외에 저작권 있는 사진이 쓰였다면, 저작권자가 확인되는 대로 허락을 받고, 저작권료를 지불하겠습니다.

꼬리에 꼬리를 무는 한국 현대사

초판 1쇄 발행 2024년 8월 30일

지은이 | 조성일
펴낸곳 | (주)태학사
등록 | 제406-2020-000008호
주소 | 경기도 파주시 광인사길 217
전화 | 031-955-7580
전송 | 031-955-0910
전자우편 | thspub@daum.net
홈페이지 | www.thaehaksa.com

편집 | 조윤형 여미숙 김태훈
마케팅 | 김일신
경영지원 | 김영지

값 17,000원
ISBN 979-11-6810-299-6 43910

"주니어태학"은 (주)태학사의 청소년 전문 브랜드입니다.

책임편집 김태훈
디자인 이유나